№ 9614-29
TRAVELER'S NOTE
TROUT FISHING TRIP
鱒旅
フライフィッシング
釣行記集
黒石 真宏

まえがき

柴野邦彦

読者はこの本の中で、いくつかの釣りの旅へ出掛けることになる。筆者の黒石名人と。名人などというのは世の中に掃いて捨てるほどいるから、そうした呼称などたいした意味を持たないのだが、そしてまた、そうした人の書いた釣りの話などたいていは自慢話ばかり多くて途中で投げ出したくなるのだが、この本は少々違う。筆者の釣りに対する真摯な姿勢がそうした誤りを避けている。

わたしは名人との付き合いが長いから、彼がどうやって名人になったかを少しは知っている。

釣人の釣りスタイルは性格によっていろいろなタイプがある。例えば、やる気のある魚だけを探して頻繁に歩き回る人がいる。毛鈎を流しても興味を示さない魚はパスして、次の魚を探すのだ。また、一方、対象の魚を見付けるとその魚がどんなにいじめられて賢くなっていても、手練手管を尽くして、なんとしても釣り上げなけ

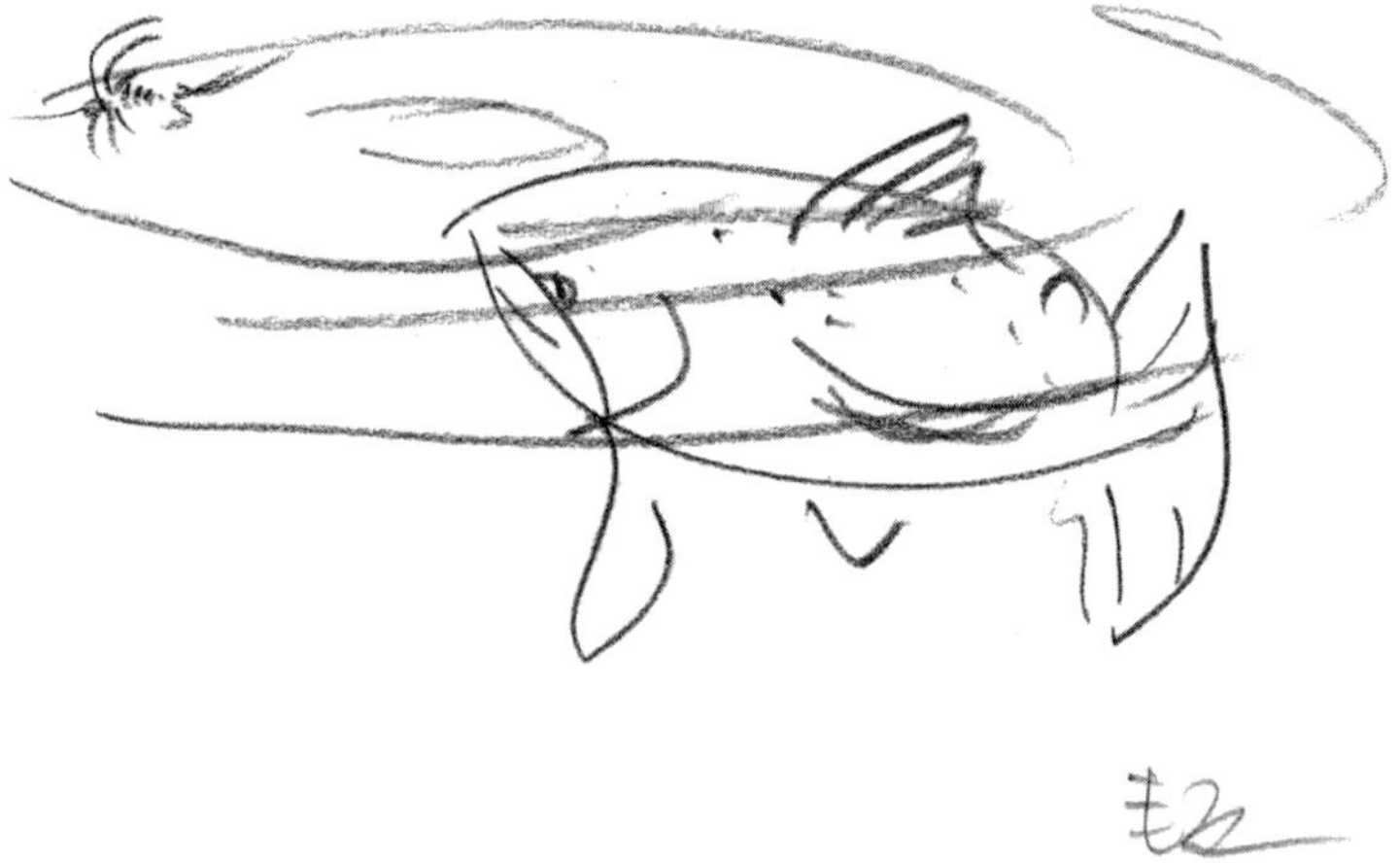

れば気のすまない人がいる。
わたしなどは典型的な前者で、朝結んだフライは夕方までチペットの先にぶら下がっている。それでフライボックスは小さいもので用が足りる。別の言葉で言えば無精者ということだろう。その手の釣人は一般的に、魚を釣ってきたとしても、釣りが上手い訳ではない。黒石さんはもちろん後者で、後者のタイプの人は釣りが上手いし、手間暇を惜しまないからつねに進化する。この本の中で彼は一匹の魚を釣り上げるために、こんなことを考え、あんなことに悩んだということを事細かに書いている。そして解決策を見つけ出し、戦術をたてる。黒石さんは技術書のつもりでこの本を書いているのではないが、読者にとってそれは一つの釣りの経験になる。名人になるために必

要な経験が一つ増えることになる。

恐ろしいことに、黒石さんはその上、前者の釣りのやり方も得意なのだ。例えば、中禅寺湖では、湖岸をトレッキング・シューズで歩いて魚を探し、足元の大きな鱒を釣る方法を編み出した。また源流を歩き回って釣るのも好きで、そのために普段はジョギングでトレーニングをしている。

こんなオールラウンダーな釣人の後ろは歩きたくないものだが、彼は心優しき釣人なので、いっしょに行けば、大きな魚は譲ってくれるし、釣り方も丁寧に教えてくれる。きっともう今まで十分に釣ったから。もう少しくらい魚を他人に譲っても、釣り方の虎の巻を公開してもいいという心境なのにちがいない。

黒石さんの性格を表すように、彼の書く文章は素直で読みやすく、直接に心に響いてくる。変に技巧を凝らしたり、無駄な虚飾を着せないから、読むほうも身構えなくてすむ。解禁までの冬の夜長に、あるいは魚を手にする幸運に恵まれなかった日の夜、取り出してまた読んでみると、新たな釣行への憧れが生まれるだろう。

鱒旅

目次

源流帯に棲んでいた野生の虹鱒

十日前に来たときと少しも変わらぬ様相で、深い谷が口を開けていた。それはまさに大きな斧で山に一打くれてやったように深く切れ込んでいた。上流にある堰堤から6・5キロの流程で600メートルもの落差を持つこの谷は、途中いくつもの廊下を激しい勢いで流れ下り、この入渓点で二段の滝となってほとばしり落ちている。霧雨に煙る、滝の姿は無気味にぼくを威圧した。

「とりあえずメシにしようや」

恨めしげに空を見上げていたSさんが言った。

六日前に発生し、西に向かっていた台風は、沖縄の南西沖で進路を北に変えつつあり、ぼくらは台風に刺激された局地的な豪雨を警戒していた。

仮眠はしたものの、台風が来る前にヤッツケてしまおうと夜っぴて走ってきたのと、ここまでのアプローチで、ぼくらは疲れていた。それにこの冷たい雨だ。

言葉少なくフランスパンを齧っていると、地元の電力会社の二人組が流量計測にやってきた。

「この川へ、釣りに入るの?」

土地の訛りで話しかけられた。

「ええ、そうなんですけど…ここには、よく釣り人が入るんですか?」

「いやぁ、まだ会ったことないねえ。岩魚釣り?」

興味ありげに尋ねてくる。どうやら少しは釣りをやるようだ。ぼくは、台風とは別の不安をかき立てられて、逆に聞き返した。

「虹鱒がいるって聞いたんですけど。知りませんか?」

「いやぁ、聞いたことないねえ」

ぼくがこの川に虹鱒が自然繁殖しているという噂を耳にしたのは、一年ほど前であった。そしてつい先日、近くまで釣りに来たついでにこの谷にも探りを入れに来てみたのだが、まずその険悪さに舌を巻いた。丸一日偵察に費やして得たものは、並たいていの装備と意欲では歯が立たないという結論であった。

入渓点は最上流部の堰堤とここの二つしかない。堰堤から流れ落ちる水は数多くの沢水を集めて深い谷を形成しつつ、ほぼまっすぐに流れ下り、名もない独立峰にぶつかると、そこで大きく右に旋回しながら最も険悪なゴルジュ帯を作り上げていた。つまり、典型的な鉄砲水の出やすい谷なのだ。そして、上流へ続く小径が深い谷から遠く離れていることも、ここへ釣り人を近づけない原因のひとつになっていた。

偵察のとき、一歩も谷へ踏み込めなかったことはたしかに悔しかったが、その時点では、できればこんな悪渓には近づきたくないという気持ちのほうが強かった。しかし、東京でいつもながらの生活を送るうちに、気にもならなかったはずの心の隅の小さなしこりは、いつのまにか頭のテッペンからツマサキにまで膨らんでいた。

それは一度出会って忘れられぬ、とても手の届きそうもない女性への想いと似ていた。ぼくは、悶々と思い患うよりも、いっそフラれた方がましと勝手に決めつけ、すでに計画済みだった別の釣行を御破算にしたうえ、Sさんに頼み込んでこの谷へ取って返したのだった。

高巻き　転倒　ズブ濡れ　そして雨が上がった

クリスタルグラスをはめ込んだように、透明で、硬く、重そうな水に第一歩を印して、ぼくは寒気とも武者震いともつかぬ奇妙な悪寒を感じた。それは畏敬する相手に対峙したときの感覚なのかもしれなかった。

フライボックス、ティペット、地図などの使用頻度の高い小物はファニーパックにつめて腰に巻いた。フランスパンとビスケットばかりが目立つ食料。湯を沸かすためのわずかな炊事用具、ザイル、ツェルトなど最小限に切り詰めた装備を背負っていたが、それほど軽くもなかった。それに着古したウールのシャツ、穴のあいたジャージ、草鞋にフェルト足袋といったいでたちは、巷に氾濫しているあの賑々しいフライフィッシャーマンのそれとあまりにかけ離れていた。

初めの二つの滝は難なく越すことができた。その後、谷は大きく左にカーブし、地図で見る限り、この先2キロは険悪なゴルジュ帯が続くと予想された。しかし、しばらくは、確かに両岸の岩壁が迫ってはいるものの、わずかながらの川原が点在し、簡単な渡渉を繰り返しながらの遡行が続いた。背中のアタックザックにいつもの釣行とは違った煩わしさを感じたが、五分も歩いて体が温まると足もよく前に出て、遡行は快調だった。

そうなると今度は魚が気になった。ぼくはずっと注意を払っていたのだが、魚が遊んでいそうな淵尻や緩やかな瀬に、魚影は認められなかった。

（せめて岩魚でも見えれば、救われるんだがな）

ぼくは、過去に行った、足を踏み入れただけで数匹の岩魚が逃げまどうほど魚影の濃かった源流帯

源流帯に棲んでいた野生の虹鱒

を思い出しそうになり、慌てて、魚影が見えないのを川面に落ちる雨粒のせいにした。

やがて、独立峰からの尾根に続く巨岩が谷を押し潰している地点にくると、本格的な瀑布帯が始まっていた。いきなり大きな淵だった。あらかじめ泳ぐ覚悟はできていたので、淵に腰まで浸かって岩壁にしがみついたが、流れが速すぎて泳ぐに泳げない。どうあがいても水流に押し戻されてしまうのだ。しかたなく高巻きに転じた。屹立する20数メートルの巨岩を高巻くには、その倍以上の高度を稼がなければならない。ひとしきり雨が強くなる。泣きっ面に蜂だ。足元の不安定なガレ場で息を切らしながら、これでこの谷に魚がいなかったら、またもやスラップスティックの主人公だな、と思った。

この高巻きだけで一時間を要した。おまけに三回も転んでしたたかに腰を打った。大高巻きに続く瀑布帯の通過は無我夢中で、その間のことはよく憶えていないほどだ。途中わずかに残っていた踏み跡、釣り人が残していったと思われる二本のロープ、Sさんが見たという尺上の魚影。そんな断片がわずかに気休めになったが、そろそろ竿でも…という色気は胸中深く仕舞い込んだまま、連続して現れる滝に幾度も顔をしかめた。

半身水に浸かり、高巻きの途中の大きなスラブに難渋し、落ちたらダメだなという所でピリピリと緊張しながらも、そのたびにぼくは、果たしてこんなにしてまで釣りをする必要があるのかと考え込まなければならなかった。

ぼく自身の釣欲や虹鱒への執着が、ぼくをこの悪渓へ連れてきたのはまちがいなかったが、陰鬱な谷底はウムをいわさなかった。まる二日間険悪な谷を登りつめるためのひととおりでない体力と技術、ことに深い谷底に閉じ込められてもなお苦しい登高を支える精神力を要求した。そして、ぼくにはそれらが少なからず欠けているようだった。引き際さえまちがわなければ、こういう悪渓へ一歩足を踏み入れたなら、エリートコースに乗ったサラリーマンと同じく、何も疑わずにただ前を向いて突き進まなければならないのだが、近所にあるに『エリート』という、やたら化粧の濃いママがやっているバー以外にこの四文字とは縁のないぼくは、それがどうも苦手なのだ。

ぼくの一歩は頼りなかったが、確実だったようだ。全身濡れネズミになってしまってからは、雨が降っていることさえ忘れていたが、三時間の遡行の果てに、いつのまにか滝と滝の間隔が長くなっているのに気がついた。そしてその頃になって、雨が上がった。

ホントだ！　やっぱり　ニジいたんだ！

ぼくらはようやく見つけた必ずしも安全とはいえない小さな川原にツェルトを張り終えると、大急ぎで竿をつないだ。

幕営できる川原があるだけに、切り立った谷底の空間にも広さがあった。川床は出水の跡のように小石混じりで浅く、しばらくはポイントらしいポイントは見当たらなかった。ぼくは盛夏の源流帯に絶対の自信を持つ#10のクリケットを3Xのティペットの先に結んでいたが、それはいくつかの浅いポイントをいつものように流れ下っただけで、魚の気配はまったくなかった。

２００メートルほど遡行すると、再び谷が圧縮されて水深が出はじめる。しかし落差が激しいので、水深があるといっても流速が早く、小さな落ち込みが落ち込みへと連続するので、とても虹鱒が棲めそうなポイントは見当たらない。

Ｓさんがいくぶん広くなっているポイントを見つけて流れの脇に立った。ぼくは言い知れぬ不安を押し殺し、せめて岩魚でもと願いながら斜め後方に陣取って水面を観察することにした。

ティペットの先に結ばれている#8のマドラーは、ぎこちなく向きを変えつつ水面下に向かってチラチラと色目を使いながら流心の脇を流れ下ったが、水は炸裂しなかった。

ぼくは深く溜め息をつき、足取り重く、まだそのポイントを諦めきれないSさんの横を通り過ぎて先へ進んだ。

バシッ！

後方で竿が空を切る音がした。足を止めると同時に「出たぞ！」というSさんの声。慌てて振り返った。ラインの先端が右へ左へと舞っている。水中に突き刺さっているはずのリーダーは、背景と同化して見えない。白泡の下を右往左往する白い魚影は、曲線的な重いファイトをしていた。

「岩魚ですね」

ぼくは、喜びと少々落胆の入り交じった口調でいい、Sさんの横に立った。

Sさんは落ち着いて竿をさばいていたが、突然取り乱したような声を上げた。

「違うよ！　ニジだよニジ！」

同時に、水際で暴れる魚の頬の紅色がぼくの目に飛び込んだ。尺には少し欠けるものの、見事にヒレの張った、確かに虹鱒であった。

「ホントだ！　やっぱり、ニジいたんだ！」

そう叫びながら、頭に血が上ってくるのがわかった。

その後、すぐ上流の滝までのごく短時間、Sさんは二匹の虹鱒を掛けたが、先行させてもらったぼくには、なぜか一度もライズがなかった。ぼくは自分の腕を棚に上げて、魚のドライへの反応が鈍かったのだと勝手に解釈し、それでも虹鱒の棲息が確認できたことに安堵しながら、幕営地へと引き上げた。

食料として魚をアテにはしていなかったので、釣った二匹の虹鱒はリリースした。こんなにきつい谷にはもう来ないんじゃないか、と薄々感じながらも、虹鱒にはいつまでも息づいていてほしかった。熱い紅茶で体を温めながら、少しも腹にたまらないビスケットを齧る。そんな味気ない夕食をとりながら地図を広げるが、どうもはっきりとした現在地がつかめず、あれだけ歩けば最悪のゴルジュ帯だけは突破しただろうと、Sさんと慰めあうが、明日への一点の不安は消せない。二人きりでは三十分もすれば話題が尽きてしまう。今日一日の印象は強烈すぎて、まだ言葉にはならなかった。

ようやく燃えはじめた焚き火にあたりながら、ぼくはまだ薄明るい曇り空を見上げて、谷底から見上げる細長い空なら、せめて高く、せめて青くと祈った。

負けた　逃げよう　ともかく脱け出そう

夜半に雨があったらしい。Sさんは出水が心配で、一度川を見にツェルトを脱け出したそうだが、ぼくはシュラフカバーの中の足先の冷たさしか憶えていなかった。

昨日の願いが通じたのか、雲間に青空が見えはじめていた。ぼくらは少し陽気になって、ジャムとフランスパンだけの朝食にコンビーフを付け足した。先行者の心配がないのと、缶詰ひとつでがぜんリッチな気分に浸れるのが、こんな悪渓の数少ない長所だろうか。

朝露で湿った足袋をはくのも、最初の渡渉も、いつもは嫌なものだが、魚がいるとなると現金なも

ので、ぼくらはウキウキと足袋をはき、イソイソと水に浸かった。

まだ体が冷えているので、昨日引き返した滝を越えるのに少々手間取ったが、滝上に好ポイントを見つけると、ぼくらはもう堪えきれずに、そそくさと先を競ってフライを結んだ。Ｓさんのほうがすばやかった。フライにティペットを通しながら横目で見ていると、たちまちＳさんのマドラーに虹鱒が飛びついた。

「いい加減にしてくださいよ」

そんな言葉で挨拶しながら、しかしぼくの顔はだらしなく緩んでいるはずだった。

急いですぐ上のポイントに向かった。昨日と同じクリケットをプレゼントすると、白泡の下から現れた虹鱒がフライの真下についた。思わずロッドを持つ手に力が入るが、鱒はフライとともにゆるゆると流れ下った。鱒は浮上しつつ、１メートルほど流れ下り、ようやくゆっくりと口を開いた。

シンプルライズ！　魚がフライをくわえる前に口を開くのが見えるなんて！

ぼくは、横に立ったSさんに向かってやたらと喋りまくり、フックをはずす右手が震えているのをうまく誤魔化したつもりだった。

つやつやとして盛り上がったオリーブの背が、紅の頬が、激流育ちの見事に発達したヒレが、白銀に輝く腹が、目の前に横たわっていた。それは、ぼくにとって何年ぶりかの自然繁殖した虹鱒だった。

前進した。ハング気味の小滝を越えると、左岸側の傾斜がややゆるんで、谷底にも日が差し込みはじめる。落差も少なくなり、川は好ポイントの連続となった。

釣れてくる魚は尺上と27~28センチが半々で、すべてが虹鱒だった。この川では、32センチを越えたものが広いテリトリーを持つようになるのか、グッと体高がでてくる。

少し水深があって流速のゆるんだポイントからは、日が差し込んで活性を取り戻した鱒が必ず反応したし、それどころか、Sさんのフライには二匹が同時に飛び出して来て、ぼくたちは虹鱒のエックス攻撃だなどとうそぶきながら、陽光の下ではしゃいだ。

「パラダイスですな」

「すばらしいよ」

「エル・ドラド!?」

「うん、うん」

「桃源郷! 天国!」

「来てよかったな!」

ぼくは一匹釣って震え、二匹目をあげて再びガクガクとし、三匹目でうなり、四匹目でフムフムとうなづいた。しかし、五匹目の虹鱒を釣り上げた頃から少し様子が変わってきた。

釣れすぎると出る、いつものゼイタク病だった。これはきっと、はじめて魚を手にしたときの感動を忘れて、釣果ばかりを追い求める哀れな者への罰なのだ。あれほど魚の溢れる川を捜し求めていたのに、そしていま、目の前にそんな流れが横たわっているのに、自分でもどうすることもできない、奇妙な切なさがこみあげてくる。一匹釣るごとにその一匹の感動が薄れていき…それでもやめられないのだ。

それに、ここの虹鱒はどうしたというのだ。まるで虹鱒に化けた岩魚のように、岩の下へ潜り込もうとする重いファイトばかりだ。

(どうしたんだ、跳べ！　走れ！)

そう心の中で呼びかけるが、岩魚化したような虹鱒は走ることも跳ぶこともない。だからぼくはいつかのように川原を駆け下ることもなく、スプールを指で押さえることもなかった。

いったいどうしたらいいのか。やはり敵はぼくらの釣欲なのだ。こんな悪条件下にさえも棲息できるのなら、ほかの多くの川でも個体数さえ揃えば、やり方ひとつで、虹鱒をはじめとするもっと多くの渓魚が自然繁殖することが可能なんじゃないか？　ぼくには、この悪渓に虹鱒が棲息していたんじゃなく、ぼくらの釣欲がこんな悪渓に虹鱒を追い詰めてしまったような気がした。

さきほどまでの躁状態から一転してしまったぼくは、しばらく、我ながらほんとうに躁鬱病なんじゃないかと思えるほどだった。一時竿を振るのをやめて、Sさんが釣るのを沈んだような気分で見ていた。と、Sさんが一瞬にして3Xのティペットをぶっち切られた。無意識のうちに体が動き、再び先を急ごうとしている自分に気づいて苦笑する。相当なものなのだ、ぼくの業の深さは。

やがて再び谷が狭まる。やはり世の常で、いい所はほんのチョッピリなんだなぁと改めて感心していたぼくらは、まもなく、すでに通過したとばかり思っていた大きな沢の流入を見て愕然とした。落差のきつい谷が、ぼくらの距離感を狂わせてしまったようだった。地図で確認してみると、もうすぐどんづまりの堰堤に到着すると信じていたぼくらは、まだその半分にしか達していないことになる。だが、それでもまだ信じられなかった。「もし地図のとおりだとすれば、この先にちょっとした滝があるはずだ」などといいながら、ぼくらはその確認のために足を速めた。

すぐに、ぼくらの焦燥を見透かしたように「通らず」が出現した。土が乗っていてよく滑る高いバンドを緊張しながらヘズるが、最後にきて頼りのバンドは足元から切れてしまった。しかたなくザイルを使って下降し、再び谷に降り立つと、そこから正面に大岩壁が見え、嫌な予感が頭をかすめた。

川が直角に左に曲がり、国土地理院の権威をぐっと高めるべく、そこにはやはり滝がかかっていた。ぼくらが地図の上に見たちょっとした滝は、実は20メートルで二段の大滝だった。懸垂下降で萎えかけていた釣欲は、この大滝の霊気にあてられて完全にしぼんでしまった。Sさんなどは口を半開きにしたまま滝を見上げているので、滝下の好ポイントで四回もライズがあったのに、ひとつもかけられなかった。ぼくはそんなSさんをいつものように大笑いする気力もなく、ただ短く乾いた声を漏らした。溜息とともに上方を仰ぐ。登れそうなルートは見当たらなかった。懸命に探しあぐねたすえ、極端にホールドの少ないルートを辿って滝上に出るのに一時間を費やした。

滝上は水量が細く、小型化してはいたが、さらに魚影が濃かった。しかしそれを確認しただけで、いったん折りたたんだパック・ロッドはいつまでもザックの中だった。西の山の端に太陽が近づいて。何か異様な圧迫感にさいなまれはじめたぼくらは、ただ上流に向かって黙々と歩を運んだ。

(大丈夫だ、もう一日食いつなぐだけの食料はあるんだ)

そう自分に言い聞かせるが、一時間も歩いてまた「通らず」が現れると、ぼくは足を止めた。おかしなもので、体が鈍っていると心配していたSさんはなんともなく、シーズンに入ってから走り込んで鍛えていたはずのぼくの足首が、巨岩の昇り降りでガタガタだった。

（負けた。逃げよう）

大自然を相手に勝ちも負けもないのだが、そのときはなぜか痛切にそう感じさせられた。

この谷からともかく脱け出そう。左岸沿いの遥か上方に、堰堤まで続く小径が通っているはずだった。たまたま足を止めた近くに、やや大きな沢が落ち込んでいた。足場の悪そうな沢でSさんは渋ったが、ぼくらは垂直の滑滝が連続するその沢に取りついた。弱者が追い詰められて取り乱すといった失態だった。ぼくが偵察で上方の小径を歩いたときには、こんな沢があることには気づかなかった。それを知りつつ、不安を打ち払うように、がむしゃらに登りつめた。あんのじょう途中のガレ場で沢の水が枯れた頃には、ぼくの体力や気力も枯れかかっていた。

それでも、もう引き返せる状態ではなかった。２００メートルあまりの高度差を一気に登りつめ、ほうほうのていで到達した小径の直下は、短い垂壁になっていた。もう少しのところでホールドがなくなり、身動きできなくなると、ぼくは少しヤケになって強引に左手で道端の木をつかんだ。続いて右手でつかんだ木が枯れていて折れ、危うくバランスを崩しそうになって顔から血の気が引いた。信仰心のないぼくでさえ。最初に左手を出したのを神に感謝しないわけにはいかなかった。一息つく間もなく、Sさんに手を貸して引っぱり上げ、ぼくらはようやく小径に立った。

ザックを降ろした。唐突にSさんが右手を差し出した。無口でテレ屋だとばかり思っていたSさんがそんな動作をしたことに、一瞬とまどったが、ぼくも同じように右手を差し出して固く握手を交し

た。

　黄ばんだ光が、そのふもとを巻いてきた独立峰と、その対岸の、さらに上流へと幾重にも連なる山々の頂を染めていた。道に立った余裕か、それらが急にやさしい表情になったような気がした。

「Sさんと一緒じゃなきゃ、ここまでこれませんでした…」

　ふだんは言えそうもない台詞が素直に口をついた。

「俺だって、ひとりじゃ無理だったよ」

　ずっと張りつめていた自分の顔が、クシャクシャに緩んでいるのを感じた。気心の知れあったパートナーは、この二日間で費やし、得た、なにものよりもずっと大切なのかもしれなかった。

　這い上がった地点から少し歩くと、そこからだけ、歩いてきた深い谷が眼下に見渡せた。夕焼けにはまだ少し間がある空から、それでも闇が少しずつ降りてきていて、ゆっくりと深い谷につもりはじめていた。

「また、来ますかねえ?」

「…来るかもしれんな」

一人ずつ記念写真に収まると、ぼくらは先を急いだ。

初出:一九八三年三月発行「フライフィッシング・ジャーナル」第三号

鬼怒川の夕暮れ

その日、ぼくたち四人は前日光の渓流を朝から釣っていた。山里は、桜も満開を過ぎようとする春の盛りで、ヤマメまで陽気に浮かれているみたいだった。

午後三時近くになって、車道側が石垣で護岸されている、対岸に一列の桑の木がある長くて浅い瀬を、ぼくとKは釣っていた。ちょうどよい時間帯だったせいもあって、瀬のあちこちから小型のヤマメが飛びだしてきた。

「どうしょうか?」

「オレ、どっちでもいいけど…」

ほどよい間隔で毛鉤に出てくるヤマメが二人の決断を鈍らせた。

「やっぱり行こうよ」

「そうだな、そうしようか」

ぼくらの結論は、いくら釣れても、小型のヤマメばかりではしかたがない、ということだった。大慌てで、川沿いの道を下流で釣っているHとWを呼びに走った。竿はつないだままクルマに積み、ウェーダーもはいたままで、蒸れないように膝までズリ降ろして乗り込むと、すぐさま出発した。

目指すは大谷川。といっても、ポピュラーな釣り場である今市市街あたりではなく、ずっと下流の鬼怒川合流点近くに向かった。着くまでに一時間以上はかかりそうだった。イブニングライズには充分間にあいそうな時間だったが、はじめて行く釣り場だから、じっくり下見して、納得いくポイントを決めてからライズを待ちたいと思っていた。誰しもそれは同じようで、みんな気が急くようだ。

「大谷川のずーっと下流にあるエン堤で、どでかいヤマメが跳ねるよ。それも一匹や三匹じゃないんだ」

ぼくがそういう情報を聞いたのは前年の秋だった。大谷川は堰堤だらけの川である。ぼくはその情

報主にどこの堰堤なのかねほりはほり食いさがってみたが、鬼怒川合流点のすこし上流としか教えてもらえなかった。
四月後半の関東北縁の渓流は、そろそろイブニングライズが始まるか、という頃である。とてもムラが多い時期だ。
ぼくらが出発してきたとき、前日光の川の水温は12℃。四月下旬で午後三時の水温が12℃というのは、ぼくの経験からいってイブニングライズのあるなしは微妙なところに思えた。午後三時に、ライズはしていなくても活発に毛鉤に出て来たヤマメの状態が日没まで続くとは、あまり考えられなかった。ヤマメが、夕方に羽化する水生昆虫に促されて再び活発になり、警戒心を解いた大型もいっしょになってライズする確率は40パーセントと予想した。
大谷川の水温も12℃以上ならイブニングライズの起こる可能性はあるが、その保障はない。おまけに、ぼくらはポイントの堰堤がわかっていない。

ヤマメは生息下限に近いほど、大きい川ほど、イブニングライズに跳ねる場所とそうでない場所がはっきりしてくる。そして、跳ねる場所を見つける方が数段難しい。四人で捜せば確率が高くても、必ず三人はハズレる勘定になる。移動しなければ、もういくつかヤマメが釣れたはずだ。ヘマをやったかな、という小さな迷いが湧いた。でっかいヤマメを釣るのだ、と、ぼくは煮え切らない自分に何度も念を押した。

大谷川に掛かるいちばん下流の橋に着いたのは、午後四時をずいぶん回ってからだった。なんとかすこしでも鬼怒川合流点近くにアプローチしようというぼくらの試行錯誤と、大まかな道路地図にない、竣工直後らしき真新しい橋とは、なかなか一致しなかった。

大谷川は石がゴロゴロした広い河原を流れているのだが、川幅に比べて河原の占める割合がやけに大きい。河原の発達した川は、暴れ川なのだという。それだけ、洪水時と渇水時の水量差が激しいのだという。

鬼怒川の所在を捜ろうと、橋の中央まで行って下流を眺めた。人家らしい建物は見あたらない。トラックの砂利搬出所、汚水処理場が雑木林や小さな森の中に見え隠れした。500メートルほど下って両側の護岸が切れると灌木がせり出してきて、川の行き先は見えなくなっていた。真正面に、丸味がかかって低い、山とも呼べないような山があって、ちょっとおもしろい恰好をしていた。人間でいえば初老に差しかかる頃の地形だろうか。伊豆の狩野川流域にも似たような山があるのを思い出した。

その山までずいぶん遠かった。その手前には、地図から察しても、鬼怒川がのたうちまわってできた広い谷があるにちがいないが、問題は川がその向こう側近くを流れているのか、それともこちら側かということだった。

ぼくらは、急いで釣り仕度をしなおした。小型ライトをベストの背中のポケットにしまった。ウェーディング・シューズを直すWに西陽があたって、薄茶色のセーターが黄ばんで見えた。限られた時間が確実に刻まれていく。はやる気持ちを抑えて、コンクリートの急な階段を慎重に下っていった。

橋のすぐ下流に、大きな堰堤があった。見るからによさそうなポイントで、上下を見渡してみても、例の情報主の言っていた堰堤の筆頭候補になりそうだった。しかし、残念ながら餌釣りをしている人が二人いた。こうなるとますます大ヤマメが潜んでいそうな気がしてくるが、割り込む余地はない。ぼくは、とりあえず下流を目指すことにした。なにか魅かれるものがあったのである。

200メートルほど下ると、すぐにまた堰堤があった。高さ50センチくらいの、横に長いだけのエン堤だった。落差がないから落ち口は浅く、溜りといわれる深い部分もなかった。そこから川は浅くなり、広い河原を三つや四つに別れて流れ、ずっと下流の傾斜がすこし急になるあたりで、また一つに合わさるのが見えた。

HもWもKも、ぼくの後から着いてきた。誰も上流へ行こうとするものはいなかった。はじめての釣り場で、すこし心細いのは、みんな同じなのだろう。でも、四人でゾロゾロ河原を歩くのは、変な感じだった。

小さく分かれた川が合流しているところが、浅いトロ場になっていて、ライズ・リングがいくつか見られた。小さなライズで、ウグイが水面の餌を採っているらしかったが、釣ってみることにした。中規模以上の川の緩い流れでは、ウグイに違いないと確信した小さなライズをからかって、掛けてみたら大きなヤマメだったということが何度かあったからだ。四人交替で、フライを取っ替え引っ替え

挑戦して、最後にKが掛けたのは、やはりウグイだった。ユスリカらしい小さな双翅目昆虫の羽化があり、それを食べているようだ。

いくつかある堰堤の落ち口には、さっきまで釣っていた前日光の渓流と較べると、明らかに消え残る泡があり、緩い流心に一列になっていた。上流の市街地あたりで汚水が流入していて、洗剤か、あるいはなんらかの有機物が溶け込んでいるのだろう。要するに、人間にはわからない程度に、水がネバついているのだ。洗剤が泡立つというのはわかりやすいが、有機物を多く含んだ水が泡立ちやすいということは、泡立て器で水道水をいくらかきまわしても泡は立たないが、牛乳は泡が立ちやすく、すぐに消えないということと同じ道理で、源流の水より下水の方が、かきまわすと泡が立ちやすい。まぁ、この例は極端だとしても、本来あるべき姿より、いくらか水が汚れているのはまちがいなさそうだ。

川底の石には、シマトビケラ科らしいカディス・ケースがたくさん付着している。この仲間には、オオシマトビケラやコガタシマトビケラなど、清冽な水よりもむしろやや汚れた水質に適している種もいる。それもぼくの素人目には、まったく同じ種ばかりのように見えた。川の生物相が単純化しているのも川が健康な状態ではない場合が多いのだと言われる。水質をはじめ、生息環境が変化すれば、それに適合する種だけが生き残る、あるいはかえって繁栄するからなのだそうだ。逆に、ぼくらが釣りをするヤマメやイワナの生息圏内では、カゲロウ、トビケラ、カワゲラをはじめとする、たくさんの種類の水生動物が見つけられる場所ほど、そこにあるべき水質なのだといわれる。ただし、川はいつも変化している。はじめて釣りに来て、うわっ面を観察しただけで素人が云々してはいけないのだろう。

それでも、一度そう思うと、水中の石の表面もどこかヌルヌルしていて、フェルト底のウェーディング・シューズでさえも、すこし滑るような気がしてくるから不思議だ。人間の心理なんてあやふやなものだ。大谷川がとても薄汚く思えてきた。自宅から最も近い川、多摩川下流よりよほどきれいにちがいないはずだが、急に嫌気が差してしまった。ぼくは、時代劇の主人公にくっついている、ヒョーキン者の三枚目のようなヘッピリ腰で、できるだけ足を濡らさないように、ピョンピョン飛び跳ねながら浅瀬を渡った。

なんとか鬼怒川の合流点まで行けないものだろうか、とぼくは考えていた。そうすれば打つ手がありそうな気がした。逃亡者のように、なかなか下流の見晴らしが開けないイライラといっしょに、歩きづらい河原を急いだ。

ウグイをからかっている仲間たちを尻目に、半分ヤケになって歩いた。途中で一度だけ橋のすぐ下流にある大きな堰堤が頭に浮かんだ。餌釣りをしていた人は、もう帰っただろうかと考えて、すぐにやめた。

分かれていた流れが合流するすこし上流を渡渉して、岸までせりだした灌木の中の踏み跡を小走りに駈け抜けた。カーブしている川の内側にある河原の石をリズムよく伝っていき、やっと見つけた小さな砂地に立ち止まって顔をあげると、20メートルほど先の小高い砂州の向こうに、左から右へと走る巨大な本流が目に入った。それが鬼怒川だった。

ぼくは、鬼怒川のスケールの大きさに圧倒されていた。広いところなら50メートル以上はありそうな川が、耳に残る低い唸りをあげていた。「流れる」よりは「押し寄せていく」と表現した方が似つかわしい。短いフライロッドを持っているのが、なんだか場違いのようだ。夏にはきっと、豪快なアユ釣り場になるのだろう。

岸辺の灌木帯を抜けて、合流点の下手にある小高いところまでいくと、展望が開けた。上流には日光連山があった。対岸の丸味のある山までの平地は、開けた谷というよりも堆積台地と呼だ方がふさわしいようで、まるで関東平野の北端が、ここまで食い込んで来ているような気がした。

合流点の下流には、中州があった。その後端が見えないのだから、よほど大きいのだろう。対岸側とこちら側に三対一の割合で流れを分けていた。対岸の流れは荒々しい瀬が続き、白い飛沫をあげながら流れ落ちていき、右にカーブして中州の先に消えていた。こちら側は、水量が少ない分だけ穏やかで、釣るならば、合流点に続く大きな巻き返しが、まずよさそうに見えた。ただ中小渓流と違って、ここで跳ねる、とピンポイントを指摘できるようなスケールではない。

もっと下流に目を移していくと、中州のアタマのこちら側もよさそうだった。1メートルの落差を落ちていく急な流れの、波立っているところから落ち着ついていくあたりは、見回したところ、このあたりで一番のポイントのようだった。

合流点の下流で水温を計ってみた。11℃だった。さっき計ったとき、大谷川は12℃だったから、鬼怒川の方が水温が低いことになる。二つの川の水はすぐに交ざらないが、きっと上流からは11℃よりも冷めたい水が流れて来ているのだろう。鬼怒川の上流には三つの大きなダムがある。それらがみな深層から取水するなら、水が冷めたくても不思議はない。ましてや発電などのために流水量の何割かは地下導水管を通るのだから、上天気の春の日に、この大きな川がここまで流れてくるまでにも、あまり水温は上らないのだろう。

そうすると、合流点下流の方が、上流よりはわずかでも水温が高いはずである。適水温下限の10℃に近い春の前半は、すこしでも水温が高い方がヤマメも元気があるだろうし、それだけ水生昆虫も羽化に向けて成熟しやすいのだから、イブニングライズが起こる可能性も高いだろう。ぼくは、合流点より下流のこちら側に、ポイントを絞ることにした。

土手に道がついていたが荒れていて、クルマが一台通れるくらいの幅しかなかった。その道を歩いて、中州の脇にあるポイントを見に行った。落差の急な流入部は荒瀬になっていて、続く小さく波立つあたりの底には大きな石が敷きつめられており、流れ出しのヒラキにいくしたがって流速が緩み、底は砂礫が目立つようになっていた。

長さ30メートルのこの区間を、ひとり占めしたくなった。ここで跳ねなければ、ほかのどこで跳ねるのかとさえ思えた。時計に目をやると、五時半を回っていた。

ぼくは土手に腰を降ろして、煙草に火をつけた。きれいな夕焼けの空に向けて煙を吐きあげた。イブニングライズを待つときの緊迫感が、ヒシヒシとこみあげてきた。七ヵ月振りだった。ひさしぶり

なので、うれしさと緊張が入りまじった気持ちだった。また、これから秋まで何度となくこうして川岸で待つのだろう。そんなことを考えてひとりでニヤニヤした。

明るいうちにティペットを点検しておこうと竿を手に取ると、足元で魚の跳ねる音がして、反射的に顔を向けた。土手にはいくつも蛇籠が並べてあった。2メートル上流の斜面の中ほど、蛇籠の隙間から小さな木が一本生えていた。その下あたり、大きな石が頭をだして、流れに緩急の境目ができているところに、大きなライズリングが広がった。明らかに、さっきのウグイとは違っていた。

(さぁ、きたぞ!)

自分が見定めたポイントが間違っていなかったようなので、ぼくは嬉々となった。

土手に沿って残る、背の高い枯れ草の中に立ち上がった。そのとき、合流点あたりに、仲間たちしい人影が見えた。正直なところ、ぼくは誰にも近づいて来てほしくなかった。なんとしても、このポイントを独占したかったのだ。

岸沿いに歩いてくるのは、どうやらKのようであった。

「ここで、やることにしたのか?」

「ああ、ここがいいと思うんだ」

いま、そこで跳ねたんだぜ、と出かかった台詞を押さえつけた。それから、水温のこと、水質のこと、ぼくがどうしてここで待とうと決めたのかをおおざっぱに説明した。

大場所なので、二人で釣ろうと思えば、できないこともなかった。

Kは200メートル下流にある、ややスケールの小さいポイントを見にいき、帰りがけに、

「オレ、このすぐ上に入るよ。あの大きく巻き返しているところ。H君は流れ込みのところに入るみ

たい。Wは、もうすこし上に行ったみたいだ」

そういって、土手の道を歩いていった。

すこしして、川岸から立ち込んでいくKの姿が見えた。上流に、金色に輝いて左から右へ大きく横たわる川の端に、Kの姿は溶け込みそうだった。

ぼくは、ポイントを独占し、気がねなくライズを待てることに安堵した。同時に、うしろめたさと自己嫌悪も感じた。


何度フライを通過させても、さっきライズした魚は反応さえも見せなかった。土手の上で足場が高く、川面から離れているのと、枯れ草に邪魔されるので、足元はかえって釣りづらかった。向かいの中州の河原なら、さぞ釣りやすいだろうな、と目をやった。上下を見渡しても、渡渉するのは難しそうだった。それに、もう時間がない。

(バシャ!)

流心のあたりでライズした。川の中央を走ってきた強い流れが緩んで広がり、水面が小さく波立つあたり。予想したところだ。ぼくはそこから後方15度の角度、12、13ヤード離れた土手の上にしゃがんでいた。

音が違った。音だけでなく、そのライズからは、ヤマメにちがいないという確信を、五感で受け取ることができた。それも、かなりの大型にちがいなかった。

(バシャ!)

今度はもうすこし手前だった。かなり派手に跳ねた。よく見ると、最初に跳ねたヤマメの向こうと下流でもライズしはじめた。カタのいい奴は、十二秒くらいの間隔で現われ、すくなくとも四匹はいるようだ。さらに中州寄りの浅瀬で中型が二、三匹。流れが緩んで水面が平らになるあたりで、小型がライズしていた。水面を、なにか餌になるものが流下しているのは、もう疑う余地はない。

噛みあわせた奥歯のあたりから、生ツバが湧いてくる。緊張ではなく、興奮している。待ちに待ったこの大切な時間に、無性に煙草が喫いたくなる。そんな欲求を殺して、ゆっくりしたストロークでキャスティングした。狙いをつけたのは、流心にいる最初に跳ねたヤツだ。どう見ても、あいつが一番デカかった。

はじめに#14の茶色のパラシュートを結んでおいた。というのは、実のところ流下している虫がなんだかよくわからなかったのだ。この時期、この時間、水温で、羽化してくるのはおおかたマダラカゲロウあたりだろうと察しをつけ、とりあえず、当たらず障らずのフライを選んでおいたのだった。

一度だけ、偽物だと気づいたのか、フライの真下で反転するきらめきが見えた。それからは、いくらうまくフライが流れても、ヤマメは飛びついてこなかった。就餌はあいかわらず活発だ。フライのすぐ横で飛沫があがったりする。が、そんなことが二度三度続くとかえってフライへの不信感が強まった。

フライを替えよう。そう思い立って顔をあげると、あたりが一段と暗くなっていた。首からさげたライトを点灯して、ティペットを切断した。

さて、どのフライをつけたものか。思案に暮れて川を覗き込んだ。ライズもピークは過ぎたようだ。鈍く光る水面すれすれを、ヒゲナガカワトビケラの成虫が、いくつも上流へ向かって飛びはじめた。こいつが暗がりを飛ぶと、白い内翅ばかりが目立つ。ぼくも、はじめて忍野の桂川で見たときは、白い蛾が飛んでいるのだと思っていた。まわりに大きな構造物がないので、川上から風が吹きおろしてくると、風下になるぼくの右側に、十匹以上も集まってきた。キャスティングをすると手にあたって薄気味悪いくらいだ。

下流の平坦な水面を注意深く観察するが、ヒゲナガの羽化したばかりの成虫が見せる、弧を描きながらフラッタリングするときの独特な引き波は見られない。こういうとき、ヒゲナガは羽化すると即座に飛び立っている場合もあるが、すでに羽化していた成虫が暗闇の到来とともに、産卵のために飛びはじめることもあるという。足場が高く、薄暗がりの中では、観察もままならない。はたしてヒゲナガは羽化しているか、ヤマメがそれを捕食しているかは怪しいところだ。もし羽化していて水面でライズがなければ、ピューパを模したフライを沈めるのがいい。産卵のために成虫が水虫へダイビングしていくのを捕食しているのなら、マドラーミノーや大型のウエットフライが、アトラクターとしても有効なはずだ。しかし、それらのフライを選ぶ気になれない。しいて理由を揚げれば、どのライズも揃って派手なのが気に食わなかった。

ホワイトウルフに手が伸びかけた。イブニングライズのハッチ・マッチに行き詰まったとき、跳ねている魚の大きさに見合ったサイズのホワイトウルフを選ぶのが、いままでのぼくの常套手段だった。視認性のいいこのフライで、ライズをしつこく狙い打ちすることで、実際にこれまで二匹に一匹くらいの確率でなんとか釣ってきた。

それでもまだ、開いたフライボックスの上で手を迷わせながら、薄明るいうちから飛んでいた小さな虫のことを思い出した。流心の手前に畳一枚くらいの淀みがあり、水面が鏡のようになっていて、そこと、岸近くの緩んだ流れのところでだけ、不規則な動きをする虫を見ることができた。フック

サイズなら#18、暗色のトビケラのようだった。スウィッシャー&リチャーズの本に登場しそうな話だが、中型のカゲロウや大型のトビケラに目を奪われていた。
もしそいつを捕食しているのなら、ライズが派手なのも納得がいく。水面下を泳いでいるヤマメは、不規則な動きをする、すばしこくてちっぽけなコイツを見つけると、追いかけ、ダッシュして飛びつくときに、勢い余って水面を割るからだ。
ホワイトウルフは後回しにして、ぼくはハッチマッチャーを捜した。あいにく、小型のカディス・パターンはなかったが、早春の奥多摩で実績があるので巻いておいた、オナシカワゲラのイミテーションが残っていた。これならそう変わりはない。
結んでみると、一号のティペットの太さには、#18のフックに巻いた濃いグレーのストーンフライ・アダルトはなんともアンバランスで、途端に小さくてたよりないフライに思えた。ライズの頻度が見る見る落ちていった。ぼくは、すこし焦りはじめた。

一つ失敗をしていたことに、ぼくは気がついた。いつもの悪い癖で、フライを交換するときに、余分なラインをリールに巻き取ってしまっていた。思わず舌打ちをする。さっきまでは、流心にいるヤマメがライズする上流にフライを着水させるのに、ちょうどよい長さのラインを引き出してあったのだ。

暗がりの中では、ラインがターンオーバーするあたりと、ライズの位置との距離感が、うまくつかめなかった。もう、ラフな距離感と竿に乗ってくるラインの重さで判断するしかなかった。ぼくは、無用なトラブルを避けるため、ゆっくりした比較的大きめのループを作り、フォルスキャストでラインを伸ばしていった。キャストの方向だけには正確を期し、あとは勘で、このあたりだろうと判断した。ループを前方に放ったあと、ティップを揺らしてスラックを入れたが、水面まで落差があるのでラインがむしろきれいに伸び過ぎてしまい、ターンオーバーする頃にはスラックのないラインになっていた。

暗い川面に吸い込まれた、ちっぽけな濃いグレーのフライは、予想したとおり、まったく見えなかった。フライが着水してからも足場が高いために、手前のラインが垂れさがり、それにつられて水に乗ったラインも引き擦られた。フライにも、すこしドラッグがかかったかな、と思った。

流心の手前で水が割れ、暗がりの中に白い飛沫が弾けた。大きなヤマメが半身を水面にさらすのがはっきりと見えた。

（いままで、一番派手なライズだ…）

ひとつ息を飲み、もしやと思い、竿を上げた。重さが伝わってきて、全体が滑らかにしなった。フライは、予想より2メートルも手前を流れていたのだった。

高い位置からのやりとりのためか、ヤマメは案外簡単に浮いてきた。水面で半円を描くように身をくねらせる姿は、遠目にもかなり大きかった。突っ走ることはないが、大きな魚体に水圧を受けるので、重みで竿は曲がり、尾を打つたびに全体が揺れた。流れに乗って、ジリジリと下っていった。水面にヤマメが描く丸味のある波は、確実に下流へ動いた。ぼくは竿を高く掲げ、土手に続く枯れ草をかわしながら、ついていった。一歩、二歩…一メートル…三メートルを過ぎて、どこで取り込もうかと考えはじめたとき、竿にかかる重さがフッと消えた。

ヤマメはまだ、水面で身もだえしていた。流されながら三つ半円を描いた。そこで気がついたのか、見えなくなった。深みへ泳ぎ去ったようだった。

ぼくは、すこしも取り乱さなかった。不思議なくらい冷静でいられた。

「こんなときは、運がいいともう一回出て来たりするんだよ。そうなんだ」

ひとり言を小声でつぶやきながら、もうすこし粘ってみた。このあとすぐに、大きなヤマメが続けて二回流心で跳ねたが、それきりだった。#14のライトケヒル・ウェットに交換して、それからもう二十分釣ってみたが、アタリはコツンともなかった。

上流の岸辺で、小さなライトの明かりが揺れていた。Kがやめるのだろう。そう思って、ぼくもラインを巻き取った。

「どうだった?」

「バラしたよ。結構大きそうなヤツだった」

「そう。オレはアタリが一回だけ。ウエットで」

ぼくは、あまり詳細な話をする気になれなかった。それは、夜の河原が歩きづらいせいでもあった。大谷川をすこし上ったところで、HとWが待っていた。Hは、たくさんのライズを前にして一つも掛けられず、Wは、一度ドライに出てきたのを空振りしただけだという。みんな手短かに経過を報告した。それぞれが小さなライトを頼りに、横に並んで河原をギクシャク歩いた。ぼくの頭の芯には疲労感があったが、それは昨晩の酒のように、フワフワして心地よいものだった。

川のカーブを越えると、護岸と護岸の間の広い河原が開けた。大きな月が東の空にあって、ゴロゴロした石の河原を白く浮かびあがらせていた。その景色は、気持ちいいほど荒涼としていた。春の宵は、そんな景色までどこか温かみのあるものにしていた。護岸に刻まれた階段が近づいて来て、川から離れていくと、転がっている石が大きくなった。四人は息を切らして、石から石へと飛び跳ねていった。


帰りの道の見当が、誰もつかなかった。日光街道に出ればなんとかなるのだろうと、あてずっぽうに走った。それでも、どうやら東北自動車道まで辿り着くことができた。

ぼくは、決して眠くはないのだけれど、朦朧としたまま運転をしていた。助手席のWはいつまでも、

「カディスか。そうか、カディスか…」

というひとり言を繰り返し、たまにぼくに向かって
「茶色でしたよね?」

と、念を押した。

「かなり濃いヤツ」

ぼくは、なんとか稼動している脳ミソを使って、そう答えた。たまに冗談めいたことをいうと、三回に一回くらい、Hはヘラヘラとかすれた声で笑った。Kは、ただひたすらイビキをかいて眠っていた。

初出：一九八七年発行「フライの雑誌」創刊号

レイルロード・ランチ

ウエスト・イエローストーンの町からラスト・チャンスまでは、37マイルほどの道のりがある。メートル表示にすると約60キロ。ふつうに運転して四十分かかるが、アメリカという国の尺度でいけば、すこしも長い距離ではない。ひとっ走り隣町まで、という感覚だ。

このあたりは、モンタナ、アイダホ、ワイオミングの州境が接している。北アメリカの自然を残した、すばらしい景観を誇るイエローストーン国立公園は、ほぼワイオミング州に収まっている。ぼくらが投宿したウエスト・イエローストーンは、国立公園の西の入り口に接するリゾート地で、観光拠点になる町だが、ここはモンタナ州だ。この町からハイウェイ二十号線を西に向かって走っていくと、二十分もしないうちにアイダホ州に足を踏み入れることになる。

アイダホ・モンタナの州境は、ちょっと険しい丘というかんじだ。見たところとてもそんな印象は受けないが、このあたりの州境は北米大陸の分水嶺になっている。つきなみないい方をすれば、アイダホ側に落ちた雨は太平洋へと流れ落ち、モンタナに降った雨は大西洋へと達するのである。分水嶺だからといって、日本の谷川岳あたりの山を想像してしまうと、なんだか感動的であってすこし物足りないような、へんな気分にさせられる。

往きの飛行機から見たところ、イエローストーンは、例えば八ヶ岳山麓あたりを高原と呼ぶのがはずかしくなるくらいスケールのケタが違うダダッぴろい高原なのだとわかった。ロッキー山脈といっても、一口にそう呼べないほどのスケールの大きさと多様性を持っていて、出発前の熱帯夜に、なかなか寝つけないウトウト状態の中での夢想は見事に裏切られた。ギザギザの岩山など、まわりに見あたらないのである。

イエローストーンから北へ、つまりモンタナ側へ下っていくと、それらしい山や峡谷、曲がりくねった道もあるのだが、アイダホ側は、なだらかな平原や針葉樹林が続いている。州境を越えると、すぐにヘンリーズ・レイクに出会う。ヘンリーズ・フォーク川の水源である。「ヘンリーズ・レイク・ニンフ」という毛鉤があるように、ここもマスの好釣り場として有名だ。湖は、ゆるやかな山や丘に抱かれていて、やさしい女性的な景色が広がっている。「ヘンリー」という名は、1810年に白人で初めてこの地へ足を踏み入れた罠師の頭領が、自分の名前をつけたのだそうだ。

峠を下ってきた道は南へ向きを変え、ほぼまっすぐになる。ヘンリーズ・レイク平原を突っ切って、針葉樹林帯に入り、いくつかのアップダウンを越えて、いくつめかの下り坂を降りていくと、アイランド・パーク貯水池を経てボックス・キャニオンを抜けてきたヘンリーズフォークの流れが、右からぐっと近づいてくる。

このあたりまでくると、ヘンリーズフォークは、たくさんのフライフィッシャーマンがこれぞヘンリーズフォークとイメージするままに、広い川幅をたおやかに、滑るように流れている。遥か太平洋を隔てた島国からやってきたフライフィッシャーマンたちも、噂に聞いたその姿に高揚を押さえきれなくなってしまう。

脇見をしながらドライブしていくと、すぐにガソリンスタンド一軒と釣り道具屋三軒、あとは忘れてしまったが、みやげ物屋や食料品や雑貨を扱う店が全部あわせて十軒あるかないかが、道路に面して並んでいるところにさしかかる。ここがラスト・チャンスである。町と呼ぶには小さすぎるところだ。クルマでやってくる観光旅行者には、ただの通過点にしかならないだろう。しかし、ここにはとても惹きつけられるものがあった。それはもちろん、目の前をヘンリーズフォークが流れているからであるが、その名によるところも大きい。

「ラスト・チャンス！」

小さな声でつぶやいてみる。英語らしく、チューインガムを噛んだときのような口ぶりで。どこか釣り人の心をそそる響きがあるじゃないか。はかない望みをつなげそうな、それでいて切羽詰ったような気分にさせられるのだ。ここに着くのはいつも朝だった。夏の太陽がまだ昇りきらない、キュンと冷えた空気の中に降り立つと、気持ちが引き締まって、きまって軽い緊張を覚えた。

三軒の釣り道具屋の中の一軒に「ヘンリーズフォーク・アングラー」という店がある。日本にも何度か紹介されたが、マイク・ローソンというフライフィッシャーマンがやっている店だ。ぼくらもそこに寄ることにした。アイダホ州のライセンスを買うのと、釣り情報を聞こうというのだ。店の中にはマイクと奥さんがいて、ぼくらが当たりバリや情報を仕入れていると、あとから背の高い青年が遅刻出勤してきた。どうやら寝坊らしい。みんながネボ助というわけではないだろうが、このあたりのショップには若い店員や専属のガイドが必ず何人かはいるようだ。そうやってたくさんの人たちがフライフィッシングにかかわって生活しているのは、このあたりの釣り場が、質・量ともに豊かだからだ。

ヘンリーズフォークはラスト・チャンスを過ぎると、一度大きく蛇行してから「ハリマン・ステート・パーク」――いわばハリマン氏記念州立公園の中を流れるようになる。その右岸には二十七棟の丸太小屋が建っていて、上流側には牧草地が広がっている。ここが「レイルロード・ランチ」と呼ばれる放牧地だ。別に鉄道が敷かれているわけではなく、この土地の最初の所有者がユニオン・パシフィック鉄道の株主ハリマン家であった、というところから来ているらしい。地元の釣り人どうしなら「ランチ」だけで通じるという。そうやって呼び慣らされるのは、釣り場として第一級で、有名でもあるからだ。

マイク・ローソンが教えてくれてのは「ランチ」から、そのすぐ下手にかけての流れだった。ぼくらは、教わったとおりに一度下流まで走って橋を渡り、右岸の砂利道を上り返してランチに隣接した駐車場まで無事に辿り着いた。あわただしく釣り仕度を整えながら腕時計に目をやると、時刻は八時三十分を回っていた。

ウエスト・イエローストーンの、モーテルの近くにある釣り道具屋の若い店員はこう言っていた。

「ヘンリーズフォークも悪くないよ。まずまずのコンディションだ」

「ソレデ、何時頃ガイイデスカ?」

「朝だよ。八時半から、そうだな、十一時くらいまで。「トライコ」の釣りだよ。ホワイトウイングド・ブラック。サイズは#20くらい」

(トライコくらい知ってるぜ。こちとらできればグリーンドレイクの七月に来たかったのさ。でも休みが取れなかったのさ。八月っていえばアンチャン、どの本見たって主役はトライコさ)

「アイ・ノウ・トライコ！　オール・ライト。ノー・プロブレム！」

「だけど、ベリー・ディフィカルト・フィッシング。ユウ・ノウ？　ベイリー・ディフィクゥアルト・トゥ・フィッシュ！」

(このヤロウ。俺たちを見くびってるな。でも、ケンカ売るほど英語うまくないしな…)

「ＯＫ、アイ・シー。ヨクワカリマシタ。アリガトウ」

　こういう、はずかしい会話だった。

　駐車場の目と鼻の先を、川は流れていた。やけに埃っぽい草地の踏み跡をたどると、岩が積み重なった高いバンクに突き当たった。そこから上流を眺めると「レイルロード・ランチ」と呼ばれる釣り場の全景が見渡せた。ヘンリーズフォークは、２００メートルくらいの幅に広がって流れていた。それは、思わずスーッと吸い込んだ息を止めてしばらく見惚れ、それからフッと息を吐いたあとにすがすがしさを感じてしまうような、見事な広がりだった。川の左手には牧草地が続き、対岸は針葉樹と平原だった。それらのずっとむこうに、山があった。山はゆるやかな曲線でつながっているのだが、まるで地面に貼りついているように見えた。どれもこれも、風景をなんとも平べったい広いものにしていた。その平たさに比例して、空もデカかった。

　このあたりは世界最大級のカルデラ地形のまん中で、そうはいっても険しい外輪山などはなく、自然に溶け込んでしまった、言われなければ気がつかない程度の丘のような起伏に囲まれている。そのせいで湧水も豊富なのだろうし、岩はみな火山岩のようだ。その肌の荒い岩や、丈の低い水生植物や

泥が組み合わさってできた小さな島が、広い流れの中に点在していた。島は川をいくつかの水路に分け、バンクを作り、流れと流れをぶつけたり、ヨレを作ったり、カーブさせたり、平坦な流れに変化をつけていた。もっとも、そんなのは釣り人しか興味を示さない種類の変化にはちがいなかった。とにかく広くて、全体的に浅い、ゆったりと流れる川なのだ。

この釣り場には午前中だけ四日間通ったのだが、きまって八時半頃になるとトライコ・スピナーの群飛が始まった。川岸に沿って、人間の頭のちょっと上あたりを、ものすごい数のスピナーが帯状になって飛び交うのだ。〝雲霞のごとく〟という表現があるけれども、これはまさにそれである。煙るように湧き立ってくる。

トライコは夏のカゲロウである。アメリカでは東海岸から西海岸まで、夏中ハッチが続くのだという。ただ、その小ささゆえに、生態はあまり解明されていないらしい。オスは夜ハッチするとか、盛期には生まれて五週間で羽化するとか、空中で脱皮してスピナーになるという報告もある。確実なところは、トライコの仲間は小さいこと（西部のは大きい方だそうだ）、それと、流れの緩いところに生息していて、フリーストーンなら大きなフチ、それから止水やスプリング・クリークなどにたくさん見られるということだ。

トライコの小ささと生息環境は、マスのライズをセレクティブにする。ましてや生息数はものすごく多いから、釣り人は難しい釣りを強いられるようになる。そのために〝アングラーの呪い〟なんて呼ばれることもあるというが、アメリカのフライフィッシャーマンは感謝すべきだ。トライコのおかげで、夏中マスのライズは続くし、こんなに難しくておもしろい釣りが提供されるのだ。

空気が乾燥している。照りつけてくる太陽に、剥きだしの肌はたちまち焼けてしまう。しかし、ヘンリーズフォークの流れは冷たかった。水温16℃。川のあちこちに湧水があるからだ。立ち込んでいくと、その冷たさが心地いい。身体の芯が引き締まる思いだ。

トライコ・スピナーの群飛が始まると、ライズの数が目立って多くなる。滑らかな水面が不意によじれ、小さな飛沫が上がる。マスが存在をあらわにする信号が、川のあちこちから発せられる。

深く立ち込むと、水中は依然として別世界だが、境界の水面はぐっと近くなる。腰をかがめてのぞき込んでも、トライコ・スピナーは流れて来なかった。スピナーの群飛とマスのライズは直接関係ないようだ。そのかわり、小さなダンがたくさん水に乗っている。中にはトライコもいるのだろうが、多くはブルーダンやオリーブと呼ばれる色合いの#18以下のヤツで、コカゲロウやマダラカゲロウの仲間だろう。しばらくすると、これにマダラ模様のウイングを持つ、やや大きめのキャリベイティスのスピナーが混じるようになる。それから、だいぶ陽が高くなったころ、トライコ・スピナーがやってくる。これがスゴイときは、水面を10センチ間隔くらいで流れていくのだ。

水面だけを見ていても、なにかが一日中流れているような川だ。けれど、流下生物の量は、昼になると急に減少した。ライズも散発になった。それでも午前だけ釣りをすれば、この川の豊かさを知るには余りある。湧水が水温を安定させ、水底を覆いつくす水草が、種・量ともにどれだけの水生生物を育んでいることか。このあたりのヘンリーズフォークが「フライフィッシングの天国」と呼ばれる一因はここにある。そして、浅くて平らな、フライフィッシングのために誂えたような流れだ。フライの道具でやるのが一番楽しめると確信できる流れ。これが〝天国〟のもうひとつの顔だ。

特にレイルロード・ランチの流れはいい。川が、コップの水をこぼしたように左右へあふれだすのだ。比較的流速のある、水草がゆっくり揺れているところの川底は、小砂利が敷きつめられ、思ったよりしっかりしている。深さは、どこも概ね膝上から腰下あたりまでで、カーブやバンクなどの例外的な深場を除けば、自由に、縦横無尽に歩いていけるのだ。

マスのライズは、はじまりから急に盛り上がり、三十分もしないうちに一度目のピークに達するように見える。そのあとは、流下するカゲロウの量や形態の変化にあわせて、大波小波がやってくる。はじめのうちは熱狂してしまい、ライズが集まる流れの筋にマッチ・フライを乗せ、片っ端から掛けてやろうという意気込みで釣った。上流からドラッグフリーで毛鉤を送り込めば、予想していたよりも簡単に、マスは食いついてきた。これが「ベリー・ディフィカルト・フィッシング」なんて、ぼくらが見くびられたのか、アメリカ人はよほど釣りがヘタなのだろう。そうたかをくくって、釣りまくった。ところが、釣れてくるのは30センチ以下のマスばかりだった。

(チョット待てよ)

そのころには興奮も一段落していたから、ライズを観察してみて、すぐにその理由に気がついた。流れの緩い深みでライズしているのはホワイトフィッシュ。流れが狭まったり、ぶつかったり、水草がせり上がってきて水面が乱れている、比較的はっきりした浅いポイントでまとまってライズするのは小型のマスだ。大きめのマスは、適度な流速がある、深めの流れにいた。バンクの横の流れだとか、水面まで水草が来ている、そのすぐ脇の深い流れだとか、ちょっとした変化のあるところが狙い目のようだった。そしてライズそのものが、マスの大きさを見極めるなによりの目安になった。大きなマスのライズに派手さはない。水面がポクンとよじれると、そのあとにゆっくり大きくリングが広がるようなライズ。静かだけれども、直感的にどこか力強さを感じられるのが、大きなマスなのだ。

ライズの三分の二以上が30センチ以下のマスのようだった。そのため、大きそうなライズを探して歩かなければならなかった。これが水草に足を取られるので、けっこう重労働だ。腰近くまで入れば流れも重い。足元に気を取られていて、近くのライズに気づかなかったり、深みに踏み込んだり、それならまだいいけれど、ズンズン下流に進んでいって、気配に目を上げると、前方の川のまん中に、水草をはんでいるらしい仕草で巨大な雄のムース佇んでいて、ドキッとさせられたこともあった。このあたりは、そこかしこに野生動物がいるから、動物園しか知らない、都会にスポイルされた人間は心臓によくない。離れていても、大きな野生動物に肌で接するのは、未体験の刺激があり、突然現れた怪物に遭遇するのとそう変わりない。釣りに夢中になっているとき、突如飛来してきたペリカンの、頭上からのヒューという風切音に、その大きさともども呆然と見上げてしまうこともあった。

そうやって人知れぬ苦労をしながら川の中を動きまわれば、それはそれでうまい具合に、遠くから大きなマスのライズを発見することができた。

アプローチの、はじめの、ライズから20メートルくらいまでは、気がはやってしまい、水音を引きずるくらいのスピードで近づいていった。それでも遠目には、遅々とした動きにしか写らないだろう。しかし、そこからの一歩は、なおのこと遅くしなければならない。このもどかしさは、なんとも表現しづらい。苛立ちや歯痒さや軽い怒りのような感情がその主なものだが、その中にわずかながら幸福感が占めているのを認めざるをえない。イライラ、カリカリしながらも、顔には薄笑いが浮かんで来てしまうような、オレはもしかしたらマゾ気があるのかと心配になるような、複雑な心境に陥る。

ライズから20メートル以内は、慎重に行動しなければならないエリアなのだ。いや実際のところ、10メートルまでは雑に近づいてもマスはライズを止めないだろう。だが、マスが安心してライズしているのと、うすうす感づいているのとでは、釣れる可能性に大きな差があるように思えるのだ。どうせなら万全の首尾で、完璧にダマしてやろう。微塵の疑いもなく、大口開けて浮上してきたアホ面の上アゴに、バッチリ鉤を食い込ませてやろう、とたくらんでしまうのだ。

不思議なことに、なかなかライズに近寄れなかった遠くからのアプローチに較べて、警戒水域に入ってからの一歩は、ライズをグッと手前に引き寄せてくる。大物のライズ特有の、静かな迫力と、ピーンと張りつめてきた空気に、身体がギクシャクしはじめる。そのことで、意識がまだ自分の肉体とくっついているのがわかるのだ。川の上を歩けたらどんなに楽だろうかと、痛切に思ったりもする。それでもしかたないので、そんな必要などさらさらないのだが、つとめて息を殺しながら一歩二歩と進んでいく。

このライズというヤツに、どうしてこうも高ぶってしまうのか…。ライズに近づいていって釣るときには、ふだん仕事などしていて、ふと釣りに行きたいなぁ、と思うところからはじまる、漠然とした釣欲を煮つめて取りだした濃いエッセンスを味わっているようなところがある。ワインを蒸留して作るブランデーのようなものだ。ワインとブランデーのどちらにしても、それなりの味わいはある。たかだか十年ばかり毛鉤をいじくってきたぼくのワインは、ヴィンテージと呼ぶには若すぎる。チーズやパンや、そういう食物と組みあわせて味わうことはできても、酒そのものとして味わうには新しいのだ。でも、ヴィンテージ・ワインは、歳をとってから味わっても遅くないはずだ。いまは、喉を熱くして芳香を突き上げる強いブランデーに、ヘロヘロになるまで酔っ払いたいのだ。安物でもかまわないのだが、ヘンリーズフォークは、極上のブランデーを提供してくれる極上のバーなのだからタマラナイ。

自分を中心に半径15ヤード以内がぼくの射程である。これはキャスティング能力ではなく、どうにかトラブルなしに、マスのフィーディング・レーンに、ドラッグをかけずに毛鉤を送り込めそうな範囲ということだ。その境界にライズが差しかかると、気分は一段と高揚してくる。意識の一部が澄んでくる。

好んでそうなるのだが、自分が自分でなくなるような気がする。それで、はじめのうちは、あたりを見回してみたりもした。遠くの川の中にいる釣友の小さな影や、レイルロード・ランチのポールに巻きついたままの星条旗。どこを眺めたって、例えば自分の机の上に置いた鏡をのぞき込んで鼻毛を切っているときのような平静さなどすこしも戻ってこない。いつものことだが、意識はライズに張りついたままだ。

狩猟本能に火がついてしまっているのだ。ぼくはこの狩猟本能というヤツが人一倍強いらしい。自分を欺けるものか、早く頂点へ向かわぬかとせかされる。なにしろ本能（と信じ込んでいる）なのだから、食うこと、眠ることを個体維持のための第一の欲求としても、その次のセックスと同じくらいレベルにはあるのだ。野性から遠ざかり、歪められてはいるものの、無理に抑制されれば、よからぬ結果を招く可能性もあるのだからして、自分自身でだってそうコントロールできるものじゃない。困ったものだ。

ライズに対して、どこに立つか。あのあたりまで行けたらいいなぁ、という希望的な位置は、目星をつけてある。できればマスの上流に立ちたい。真上に立つのは無理だとしても、竿をいっぱいに伸ばせば、真上からの流れにラインを乗せられるところがいい。悪くても、ライズの真横よりやや上流から釣りたいのだ。

足元を確かめながら、目星をつけたあたりを目指してにじり寄っていく。あとはどのくらいライズまでの距離を詰められるかだ。もう、余分な動きは避けねばならない。水音も抑えて、一歩一歩、姿勢を低くして近づいていく。ライズまでどれだけ近づけるかで、この釣りの半分は決まってしまう。距離を一歩でも詰められれば、成功の確率は加速度的に増す。気づかれれば、すべてパーだ。

（もう、このあたりでいいんじゃないか？）

（いや、まだだ。もう一歩いける）

（もう……）

（まだ……）

毎度毎度こんなカットウの上に立つ。こうやって自分の立つべき場所まで辿り着いたころから、ぼくは自分の身体のありかがわからなくなってくる。もちろんキャスティングで腕を動かすのだが、視野の外にあるから、ちょっと事情が違ってきてしまう。

網膜のスクリーンに写る像は、横に長い楕円形をしている。写し出されるのは、前方2～3メートルから狙いをつけたライズの先までの流れだ。ここに意識が集中してしまうから、スクリーンの外縁あたりはぼやけている。フォルスキャストをすると、フォワードキャストのループだけが画面に入り、右側から出たり入ったりする。とまあ、こんなかんじである。自分が、扇形の視界のつけ根、目の眼底あたりの、水面上1メートルに浮かぶ点になってしまったような感覚とでも表現すればいいのだろうが、実際のところ自分の存在は点にさえも感じられない。釣りへの集中が途切れるまで、自分自身の存在感はなにもないのだ。これは、本能のなせるワザなのか、集中による一種のメディテーションの効果なのか、さっぱりわからない。ひとつだけ言えるのは、自分を忘れている短い時間は、とても気持ちがいいということだ。

腕を使っている感覚がないから、意識がループと直結していて、コントロールしているようだ。大物はそれほど頻繁にライズしないから、一応タイミングを計ってプレゼンテーションに移る。バックキャストを高くして、やや角度のついたラインをライズに向けて放つ。この直後、必要に応じて竿を寝かせる。ループが転がっていって、ラインからリーダーに移り、ライズの手前2メートルに差しかかる頃合を見計らって竿を立て、ラインをすこし引き戻す。すると、転がっていったループの進行が遅くなり、ライズの手前1メートルで毛鉤がフワリと波打つと、高い位置に保持したティップから先のライン全体がゆっくりと落下し、音もなく着水する。あとは竿を倒していくのだが、ライズが遠いときは、ラインをフリップして繰りだし、毛鉤を届ける。着水した仕掛けは、そのとき与えられた適

度な弛みゆえにドラッグを吸収し、フィーディング・レーンを自然に流下する。外側がぼやけた楕円形の視野は、毛鉤へとグッと絞り込まれる。まるで自分が毛鉤の上に乗ってしまったような集中の頂点で、大物マスはなんの疑いもなく毛鉤を吸い込んだ…とまあ、こういうのが理想である。ところが、理想はやすやすと現実にはならないのだ。

実際には、寸前のところでターンオーバーしなかったり、風が最後の20センチのティペットを曲げてしまったり、自分をけなしたくなるようなキャスティング・ミスや、そのほか人間を完璧な存在にしようとしない諸々の事情が、100パーセントを阻むのである。

毛鉤からすぐのティペットが丸まって、U字型のまま届けられようものなら、小型のマスは別にして、大物マスは決して食いつかない。それどころか、もつれたままのリーダーや、ドラッグがかかった毛鉤が三回も頭の上を通過すると、明らかに警戒して、ライズの回数が減った。未練がましく、そんなのが五回も流れると、パッタリとライズが止むのである。

それでも、マグレという味方もあることだし、中にはひとつくらい条件が欠けても、目をつむって毛鉤に食いついてくれる奇特なマスもいるから、世の中捨てたもんじゃない。レーンからすこし外れちゃったかと思っていると、漂う小さな毛鉤が水面の盛り上がりの中に吸い込まれることもある。ゆっくり竿を立てると、バットにグッと重みが乗り、この瞬間にだけ、ぼくは絶頂を味わうことができるのだ。

ヘンリーズフォークのニジマスは、最高のファイターだった。エサの豊富な川で育ち、水温16℃というベストコンディションも手伝って、暴れ方がメチャクチャなのだ。サカナが小さかったり、ファイトが緩慢だったりすると、我を忘れているという状態からすぐに醒めてしまい、他人の視線を気にしちゃったりするのだが、ここの30センチ以上のマスは、鋭い突っ走りと、発狂してしまったのではないかと不安になってしまうような連続ジャンプで、忘我状態を引っ張ってくれるのである。

しかし、だ。ネットに収めたのは40センチまでだった。それ以上と思われるマスは、多くが鉤に掛かる以前の問題で逃げられるか、掛かったとしても「行ったっきり」の状態でリールからラインを引き出し続け、ようやく止まったかと思うと、それは水草に突っ込んで毛鉤を外された合図だった。

ヘンリーズフォークの流れに立つ杭は、とても幸せそうに見える。杭になどなりたくないという人がほとんどだろうけど、特上のブランデーに酔ったせいか、ヘンリーズフォークの杭にならなってもいいような気がした。一年間なら、流れの中の杭になって、移り変わっていく川の姿を静かに眺めてみるのもいいだろう。

昼になって、川から上がり、帰路のクルマの中から見た杭は、まるで昼寝をしているようだった。カラッと晴れ上がって、雲のカタマリがゆっくり移動していく、乾いた、バカでかい夏空の下、つい先ほどまでの騒がしいほどのニジマスのライズが落ち着いて、それでも思い出したようにライズ・リングが広がる流れの中。強い光線が時間の経過をやけにゆっくりと感じさせる真昼に、杭はすやすやウトウトと居眠りしているように見えるのだ。それは、流れの中に立ち込んでいるあいだずっと、心の底の方で、この景色に溶け込んで、昼寝でもしてみたいと思っていたもうひとつの願望が、ただの杭をそんなふうに見せたのかもしれなかった。

初出：一九八八年十一月二十日発行「フライの雑誌」第七号

ドッグフード・フィーダー

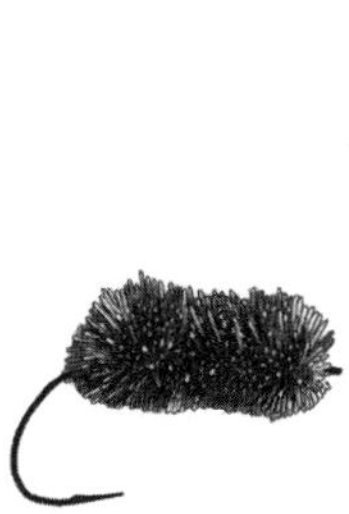

そこは、その緩やかなスプリング・クリークの中でも、ことさら流れの遅い場所だった。すぐ下流にある取水堰が流れを止めてしまうせいである。そこで竿を振るのは、そのときが初めてだった。ほかにもいくつか好場所を知ってはいたのだが、それまで釣りをしたことがなかったその場所の様子も一度見ておかなければと思ったのだ。ところが、山岳渓流でフライフィッシングを身につけた私は、ゆったりした流れに苦手意識を持っていた。おまけに川底は砂地のようだし、深くもある。こんな場所でハッチが起こるのだろうか。どこか、せめてもう少し流れの早い場所へ行った方がいいのではないか。

水面は乏しい光をはらんだ曇り空を映して、磨き込まれた鋼鉄のような暗い色をしていた。ハッとしてそこへ目をやると、なめらかだった水面が崩れていた。リングがゆっくりと、だが力強く、いままで見たことのない大きさにまで広がった。

私が立っていたところから30メートルは上流だった。岸辺は切り立った溶岩でごつごつしており、歩きにくかった。ついつい目が足元にいく。気ばかりが焦り、自分の歩みがもどかしく感じられた。心臓の鼓動が早くなり、取り乱しそうな自分を抑えるので精一杯だった。

私は一本の太い木が川面に向かって枝を伸ばしているところまで行って、様子をうかがった。たしかにこのあたりだったはずだ。ライズはそれきりだし、足元ばかり見て歩いてきたので、正確な位置を見失ってしまった。再びライズが起こるのを待つなんてことは考えなかった。すぐさま、あてずっぽうにマドラーミノーをキャストして、水面を引っ張って誘った。日没を過ぎ、あたりはどんどん暗くなった。

しばらくして、下流の水面でもう一度あのライズが起こった。そこはちょうど、先ほどまで立って

いた場所だった。私はマドラーミノーを対岸に向かって投げ、足元まで引いてくることを繰り返しながら、一歩一歩下流のライズがあった場所へ近づいていった。

二度目にライズした位置まであと2メートル。次のキャストだ、と思いながらすぐ下流の溶岩の際まで来た毛鉤をピックアップしようとしたとき、その鱒が食いついた。竿がひったくられたと思うまもなく、まったくなにもすることもできないまま、ティペットが引きちぎられていた。水音が消えたあとも、水面には大きな渦だけが残されていた。

夢を見ているような気分だった。夕暮れに紛れて幻影が現れ、消えただけのことのような気がした。どこか物の怪にでも化かされたような、実感の伴わない経験だった。

それから二十年がたった。その間に、その場所の右岸には新しく二軒の別荘が建って、あわせて三軒となり、川岸に立ち入ることができなくなった。左岸側はといえば、対岸の溶岩とは対照的な泥底になっていて、葦原が水辺に近づくことを拒んでいた。その別荘前の流れは、釣り人が簡単には竿を出すことができない鱒にとっての安全地帯になっていた。

鱒には川を下ろうとする性質がある。そのスプリング・クリークで、釣り落とされて生き延び、流れを下ってきた鱒の大半は、まず下流の堰堤の溜りに落ち着くだろう。そこは広くて釣り竿が届きにくく、藻が繁茂する豊かな餌場でもある。そして堰堤の導水管を下ることなく、そこで踏み止まった鱒が、上流の、かつて県道を挟んでホテルがあった「ホテル前」と呼ばれる場所の落ち込みまでの200メートル以上ある流れを自由に往来することにはなんの障害もない。そのうちにまた釣られてリリースされたり、鉤に掛かって逃れた経験を積み重ね、鱒たちは相応に狡猾になっていく。そうやすやすとは釣り人の前に姿を見せなくなるだろう。
放流魚にせよ自然再生産魚にせよ、川に居残ることができた鱒は、いずれそれぞれの隠れ家を持つようになる。倒木の陰や葦の際のようなちっぽけな隠れ家か、あるいはこの別荘前の流れのような広いところか。この場合、規模の大小は問題ではない。とにかく釣り人が手を出しにくいところ、釣られにくいところを見つけて、そこで積極的に餌を取ったり、危険を察知したときに逃げ込んだりするのだ。時間の経過とともに、釣り人によってそこへ追い込まれると言ってもいいだろう。

実は、その別荘前の流れを、それまで私は鱒にとってのいい隠れ家という印象を持っていなかった。釣り竿が簡単には届かないという点では文句のつけようもなかったが、餌が豊富かといえば疑問が残ったからだ。スプリング・クリークにしろフリー・ストーンにしろ、もっとも餌の豊富な場所は、瀬のような形状をした場所だと思っていたのだ。だが、大物は瀬にいると、両者を結びつけられるほど自然は単純ではないようだ。それは魚の生息密度との関係もあって、餌が多くても小物ばかりがたくさんいることもある。ましてやこれに人為的な影響があれば、水中の様子などまったく予想もつかないことになる。

印象が悪かった理由はもうひとつある。そこは、上流下流どちらから眺めても細長い池といった風情をしていた。特に左岸側の葦原の風景が、私にとっては低地の沼や運河のイメージに近いもので、鯉や鮒を連想させた。

実際に、かつて別荘が建ち並ぶ前に、そこで大物の鱒をバラしているのだから、今も大物が何匹か潜んでいても少しも不思議ではないはずだ。だがそれでも大物がそこかしこに隠れているようにはど

うにも思えなかった。たまたま通過することはあっても、鱒が好んで棲みつきそうな場所には思えなかったのである。

別荘から少し上流で釣ることは年に何度かあった。そこは流れが緩くカーブしているのだが、その外側にあたる溶岩側にはカナダモがよく繁茂する。そこにはオナシカワゲラの幼虫がたくさん棲みついていて、それを狙って回遊してくる鱒を釣るのが好きだったのである。

ある夕方のことだった。その岸辺をゆっくり歩きながら、カナダモの上を回遊してくる鱒を探していると、いままで聞いたこともない激しい水音が耳に入ってきた。それは別荘の前あたりから聞こえてきた。十数秒も続いたその音が気になって早足で下流へ歩いていくと、岸辺に茂った草の向こうに、その余韻を見ることができた。魚たちはよほど興奮したのだろう、とてもすぐに落ち着くことなどできないという様子で、まだ時折水面でモジリを見せていた。それがどういうことを意味するのか、私はすぐに理解した。子供の頃、鯉がたくさんいる池に餌を撒いたことを思い出したからだ。産卵期のメスの奪い合いの可能性もチラッと考えはしたが、それにしては魚の数が多すぎるし、ふさわしい場所ではなかった。そこは三軒ある別荘の真ん中の前、緩いカーブが終わるすこし手前で、溶岩底の深場のはずだった。

このあとも、この餌撒きを何度か目撃した。一度は、やはり真ん中の別荘の前あたりに鱒らしきライズを見つけたので、まさに狙おうとしていたときだった。ライズには、以前にバラしたあの魚のライズに勝るとも劣らない大きさと力強さがあった。しかも一度や二度ではなく、間延びした間隔ではあったが、同じ場所でライズは続いた。

そうは言っても、そのライズまでそう簡単に毛鉤を送り込むことはできない。

私はマドラーミノーを結び、まず対岸へ向けてロールキャストでラインを繰り出した。毛鉤からリーダー、ラインまでがうまい具合に水面に乗るまで、何度か繰り返した。それから流れに同調させてラインを送り出し、毛鉤を送り込んだ。リールからラインを引き出すたびにギーギーと、何度クリックを鳴かしたことだろう。指先の違和感に気がつくと、すでにリールからバッキングラインが出ていた。大袈裟に言えば、禁断の地に足を踏み入れていくような緊張感とも違和感ともつかないものがあったが、一方で、ずいぶん滑稽なことをしている自分に気がついて苦笑した。この状態で鱒が毛鉤に食いついたとして、はたしてアワセることはできるのだろうか。フローティングラインが水面を大きくのたくっているせいもあって、毛鉤はまだライズしていたあたりに達していなかった。

一度静かにラインを手繰ってたるみをとり、それから再び送り込もうとしたときだった。

毛鉤の向こう側に、小さな木の実のようなものがたくさん降ってきたような気配があった。直後に水面が沸き立った。ざっと見積もっても十尾くらいの魚がそこに集まっていた。蹴立てる波の大きさから想像するに、どれも大きな魚ばかりだった。水面付近の餌を捕食する音がゴボゴボと続けざまに聞こえ、激しい水飛沫が跳ね上がり、縦横無尽に行き交う魚の背中であたりは大きく揺らめいていた。その興奮がこちらにまで伝わってきた。しかし、私が流れに乗せて送り込んでいったマドラーミノーは、その興奮のるつぼのような水面をただ静かに通過していっただけだった。

初めはなにが起こったのかよくわからず、呆然としていた。気の抜けたままラインを巻き取っているうちに、なんだかひどいことをされたような気がしてきた。これから釣ろうとしている鱒に向かって餌を撒くとは。それだけでも鱒はライズをやめてしまうだろうし、あんなに鯉が集まって来てあたりを引っ掻き回したら、どんなに無神経な魚だってどこかへ逃げていくにきまっている。

別荘の前では、まだときおりモジリが見えた。その悠々とした鯉の波紋までが自分を嘲けているような気がして、憎しみの感情が湧いた。

しかし、よくもまああれだけ手なずけたものだ。別荘の住人にしてみれば、庭先をゆったりと流れる川は、自分の敷地を流れる川や池と同じように錯覚するのだろう。このスプリング・クリークの水はいつも澄んでいるから、彼らは鯉の姿を日ごろから見かけていたはずだ。その鯉に餌を与えようとするのは、ごく自然の成り行きといえるのかもしれない。冷静になって考えてみると、餌を撒いたことに私の釣りを邪魔しようという悪意があったとは思えなかった。しかし、それでも私は、どこか釈然としない気持ちを抱えたままその場を離れた。

その翌年の初夏のこと。そこからクルマで五分ほどのところにある、釣り友だちのノリちゃんがやっている釣り道具屋で、あの別荘の前の魚たちと別荘の住人の関係についての噂話を聞いた。

ノリちゃんの知り合いのUさんの仕事場が、その別荘の道路を隔てたすぐ向かいということもあって、別荘の人たちと顔見知りなのだというところから話は始まった。

「あそこの別荘の人が餌撒いてるの、見たことない?」

いつもの日焼けした赤ら顔で、ノリちゃんが聞いてきた。私は昨年のことを思い出し、ああ、知ってるよ、と即座に答えた。

「それがさぁ…」

そこでノリちゃんはいたずらっぽい笑みを浮かべて、すこし声を細めた。

「あそこに溜まってる魚、みんな、こぉーんな鱒だって」

そういってノリちゃんは大きく手を広げた。私はびっくりして、足から力が抜けそうになった。

「…鯉じゃあなかったの⁉」

思わず声がひっくり返っていた。

「いや、鱒だって」

ノリちゃんは、確信に満ちた低い声で念を押した。

理由は忘れてしまったが、Uさんがその別荘を訪ねたとき、たまたま別荘の住人の一人が庭先から竿を出していたのだという。延べ竿だったが、かなりゴツイ仕掛けがついていたそうだ。Uさんは近寄っていって、足元に横たわる何匹もの鱒を見て驚いた。ふだんはめったにお目にかかることができない大きな鱒ばかりだったのだ。しかも例外なく、体高のあるプロポーションをした美しい鱒だったという。Uさんは別荘の住人が川に餌を撒いていることを知っていたから、その並外れた魚体がその結果であることにあらためて感心させられた。

ただ、二つだけ問題があった。その別荘の住人が入漁証を購入していなかったことと、遊漁規則にはなかったが、その川では漁協は餌釣りが可能な区間を別に設定していて、別荘の前は餌釣りをしないよう釣り人に協力を求めていたことだった。

それをUさんはその場で別荘の住人に伝えた。これは想像以上に勇気のいることだったろうと思う。別荘の人にしてみれば、おそらく自分が育てた鱒を釣ることのどこが悪い、という気持ちだったのではないか。しかし、相手の人はUさんの話を受け入れ、以後は釣りをしないと約束してくれたのだということ。

その後、川に餌が撒かれることは頻繁にあったが、別荘の住人が釣りをしているのが目撃されたこ

とはないようだ。

「撒いているのはなんだと思う?」ノリちゃんはまたいたずらっぽく聞いてきた。まるで見当もつかなかった。

「ドッグフードだって」

そう言ってやるせなさそうに笑った。

後日、ノリちゃんが水産試験場の知り合いに事情を話して、ドッグフードが鱒にとっていい餌なのかどうか尋ねたところ、その人はさもありなんという顔をして平然と答えたという。

「高タンパクですからねぇ、ドッグフードは」

養殖に使われるペレットという餌は、栄養バランスだけでなく経済性も考えられているのだそうだ。つまり、養殖業が利潤を求める事業である以上、鱒を出荷する大きさに育てるのに、できるだけ安く上げなければならないということだ。高価な餌を与えれば原価がかさむし、必要以上に太らせる必要もないのである。こうしてみるとペレットの方は、干物に味噌汁、漬物にご飯の和定食のようなもので、対するドッグフードは、厚く切ったステーキがメインのフルコースに例えられるかもしれない。実際、別荘の前でライズする鱒たちは、例外なく、餌を豊富に摂取して育ったとわかるすばらしい体型をしていたのだから。

この話は、瞬く間にノリちゃんの釣り具屋の客の一部に伝わり、私の釣り友だちも色めきたった。いつからかその別荘前の流れは、釣り人の間で「十番」と呼ばれるようになった。

その夏、ゴールドラッシュがやってきた。毎週のように「十番」に毛鉤を送り込む者が現われた。実際に50センチを超える、惚れ惚れするような魚体の鱒が何匹か釣り上げられ、鱒たちにとっての安全地帯は事実上30ヤードほど下流に後退した。しかし、それ以上に釣り人たちの熱狂を煽ったのは、姿さえ見せてくれない強大な鱒がいることだった。なすがままにバッキング・ラインをすべて引き出され、なんの抵抗もできないままティペットを引きちぎっていった、という報告が複数なされた。

しかし私はというと、どうもいまひとつ気乗りせず、しばらくは「十番」に竿を出すことはなかった。つまらないプライドもあった。私には以前から、むき出しにした釣欲を人に見られるのを恥ずかしいと思うようなところがある。もちろんそこはそれ、釣り人の性。大物をこの手にしてみたいという気持ちが湧かないと言ったら嘘になる。

時間の経過とともに、「十番」でわりと簡単に何匹かの大物が釣り上げられてしまうと、仲間内ではそこで釣ることの評価が低くなるような雰囲気があった。むしろそのおかげで私は気楽になり、ようやく竿を出してみようという気になった。

ただ、「十番」で釣るときには、いつもどことなくうしろめたさが感じられた。ひとつは他の釣り人に対するもので、もうひとつは別荘の住人に対してだった。別荘の前に毛鉤を送り込むときには、他人の養魚池に毛鉤を振り込むとまでは言わないが、どこかそれに通じる居心地の悪さがあった。

どことなく居心地の悪さを感じながら「十番」で釣り始めて二度目のこと、またドッグフードが降ってきた。入れ替わり立ち代りやってくる釣り人が目障りだったのか、それともリールのクリック音が耳障りだったのか。別荘の住人にしてみれば自分の餌付けした鱒が釣られることが、やはりおもしろくないらしい。

ドッグフードを撒く姿は死角に入っていて見ることはできなかった。向こうからもこちらが見えないはずだが、リールのクリック音が知らせるのか、はたまた上流から伸びてくるフローティング・ラインが合図になるのか、どちらにせよ餌撒きにはたしかに意図したものが感じられた。聞けば、他の釣り人たちも、釣りを始めるとドッグフードが降ってくることがある、と言っていた。

別荘の前に集まってくる鱒たちは、もちろんドッグフードだけで生きているわけではないだろう。あたりまえのことだが、日々のほとんどはふつうに餌を探して生きているにちがいない。「十番」といえども、季節の変化や水生昆虫の流下の多寡により、鱒たちには毛鉤を選ぶ傾向が見られる。ところが、いったんドッグフードが撒かれると、鱒たちの興味はすべてそちらへいってしまう。水面での狂乱状態を見ていると、もしや自分の毛鉤へも、という期待を抱きたくなるのだが、鱒たちが毛鉤をくわえることはなかった。鱒の注意が、ただひたすらドッグフードにだけ向けられてしまうのだ。

「今日も撒かれました」
「またやられちゃった」

というような仲間の愚痴を聞くうちに、私には静かな怒りが込み上げてきた。庭先の川や鱒を自分の所有物と勘違いするだけならまだいい。しかしそれがエスカレートして、人の釣りを妨害しているのだ。先に餌をたくさん食べさせてしまえば釣り人の鉤には掛からないだろうという、所詮その程度の発想なのだろうが、そこからは明らかに妨害の意図が読み取れる。

この状況をなんとか打破したいと思った。妨害には屈しない、そんな卑屈なやり方は通用しない、ということころを見せてもやりたかった。

その答えを見つけるまでにそれほど時間はかからなかった。私は、マッチング・ザ・ハッチの原則に立ち返ることにした。

その晩、仕事を終えてから、私はスーパーマーケットのペット用品売り場に出かけ、ドッグフードの袋を手に取ってみた。その種類の豊富さに、いまさらながら驚いた。ほぼすべて楕円だろうと思っていた形の予想は見事に裏切られた。骨の形あり魚形ありと実にさまざまなのだ。

厳密にマッチさせるためには、あの別荘で使っているブランドを知る必要があるが、そこまでしている時間はない。

様々なドッグフードにざっと目を通してみたかぎりでは、最大公約数的な毛鉤なら巻くことはできそうだった。色は基本的に茶色系に仕上げれば無難そうだ。その中に緑褐色や赤褐色が混じっていてもいいかもしれない。形は、鱒にそれほどの識別力はないと判断して楕円にした。むしろ微妙な形よりも、全体のヴォリュームを平均的にすることに注意を払った。困ったのは、撒かれているのが湿り気のあるタイプか乾燥タイプかわからないことだった。それによって浮き方も違うだろうから、これは大問題のはずだったが、魚はほぼすべて水面で捕食しているようだし、まずは試しという気楽な気分でもあったので、とりあえず乾燥タイプに仕上げることにした。これにはマテリアルをディアヘアにすると作りやすいだろうという計算もあった。

次の週末がやってきた。午後五時頃を狙うことにした。情報を集めた結果、夕食前のこの時間がもっとも「ハッチ」の確率が高そうだと判断したからだ。はたして餌撒き役を演じてくれるはずの助演俳優たちは、この週末もやって来ているのだろうか。それだけが唯一の心配事だった。

それまでは遠慮がちだったのが、このときばかりは意識的にラインを強く長く引き出して、リールのクリック音を高らかに鳴らした。

ディアヘアで巻いたドッグフード・フライは、はじめは高く浮きすぎた。イメージは、沈みかけのまま漂っていく、というものだった。それをいいことに何度かわざとリールで巻き戻し、そのたびに再びクリック音を響かせた。ディアヘアが水を含みだしたのを確認して、ラインをさらに送り込もうとしたときだった。ずっと先の水面に、パラパラという例の気配を察知した。

(来た!)

間髪をおかず水面が波立ちはじめたかと思うと、ガバゴボという音とともにいくつもの水飛沫が上がった。

(しまった、ちょっと遅かったか…)

毛鉤がある位置から熱狂の水面までは、そのときまだ10ヤードほどあった。しかも流れはゆっくりだ。興奮の真っ只中に毛鉤を置くことができなかった間の悪さをただ悔やんだ。できるのはただ待つことだけだった。その距離がどれほど長く感じられただろうか。水面がかなり静まったころ、わがドッグフード・フライはようやく鱒の食膳に供される位置に達した。トップガイドからバッキングが顔を出した。水没しかけている毛鉤を見失い、あきらめかけたとき、毛鉤が流れていくあたりでライズが起こった。

鱒は確信を持って毛鉤をくわえ込んだらしく、アワセを入れるのと同時にラインが持っていかれる気配がしてグッと重みを感じた。竿が大きくしなった。30ヤード先の水面で、二度三度とジャンプする鱒の姿が見えた。

ジャンプと鋭い突進を繰り返したあと、その魚は寄ってきた。体高のあるきれいなニジマスで、あきらかに放流したばかりの魚とは一線を画す肌艶をしていた。尾ビレも背ビレもピンと尖っていたが、残念なことに片側の胸ビレだけが欠けていた。それで、このニジマスが成魚放流されたものだとわかった。

このニジマスは、養魚場の採卵室で、四、五年前に人間の手で受精する人工孵化によって生を受けたはずだ。孵化して、成長して放流されるまで、食べた餌はほとんどがペレットだったろう。ようやく自然の川が住処になったと思ったら、今度は毛鉤という偽物の餌を食べさせられたにちがいない。抵抗の末に何度かリリースされ、あるときは糸を切って逃げたかもしれない。やっとのことで安全地帯を見つけて落ち着いたら、今度はドッグフードで手なずけられた。そしてしまいには、とうとうそのドッグフードに似せた毛鉤でまた釣り上げられたのだ。

人間に、どれだけいいようにされてきたことか。

片方の胸ビレがないニジマスは、足元のネットの中に観念したように横たわっていた。

（おまえはせめて、これから子孫を残すんだ。それこそが、おまえがこの世に生まれてきた証になるじゃないか。できたらもう、身勝手な人間となんか関わりあわないことだぜ）

心の中でつぶやきながら、ニジマスを水に戻した。ニジマスは手を離れ、緩やかな流れに泳ぎだした。

（身勝手な人間の代表のようなヤツに、そんな意見までされるとは思わなかったよ）

背中でそう言って、フラフラとまだおぼつかない泳ぎながら、ニジマスは水面の照り返しの中に姿を消していった。

初出：二〇〇三年八月一日発行「フライの雑誌」第六十二号

贖罪プール

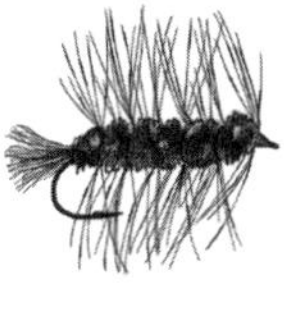

「とにかくだ〜れも釣りしてないんだ…」

スマホの小さなスピーカーから聞こえて来るマッちゃんの声は、ところどころに力が込められていた。

「そんなところが、日本にあるのか？」

四十年以上あちこちの渓流を釣り歩いてきたが、一年に一度も釣り人が入らないかもしれないと思える区間はたった一ヶ所しかなかった。それも可能性がありそうだというだけで、推測の域を出ない。川沿いの踏み跡を二時間歩いた先のイワナ釣りでも、先行者に出会って沢割り調整を余儀なくされたこともある。

「ひとつも足跡ついてないいし、ゴミも落ちてない。釣り人が来た形跡なしなんだわ」

「ちょっと…すぐには信じられねぇなぁ…」

それからマッちゃんは、どうしてそんな忘れ去られた場所が現代のこの国に存在するのか、しかもほどほどの労力を費やすだけで辿り着くことができるのか、その理由を長々と説明してくれた。でも場所が特定されてしまうのでそれをここに書くことはできない。ほんとうは、その場所を見つけるまでの推理や苦労、その他諸々の経緯こそがなによりおもしろいのだ。だから省くのは残念でならないのだが、仙郷を仙郷のままに留めておくためには情報管制を敷くよりしかたがない。

かいつまんで言うなら、その超A級ポイントが釣り人に顧みられない最大の理由は北海道の人口密度ということになる。仮に関東平野の人口密度なら絶対にありえない状況である。北海道の夏には、春に芽を取られることもなく枝を伸ばし放題に伸ばしたタラの木を道端に見つけることがある。そういうタラを見つけると、ぼくはため息をつき、ちょっともったいないなぁと思う。関東の山菜取りマ

ニアには放置としか思えない状態は、「あたりに一本しかないなら、わざわざ取りに行くのは効率が悪い」という理由によるらしい。マッちゃんが見つけたヴァージン・プールもこれと似たような理由で放置されている。マッちゃんも、友人のNちゃんといっしょに最近発見したばかりなのだ。事実を知っているのは、たったいま知ったばかりのぼくを含めてこの国に三人だけなのである。一億二千万人が住むというこの国で、たった三人しか知らない情報に接して、どうして興奮せずにいられようか。

「それでさぁ…」

ぼくはその台詞を言い淀んだ。一億二千万分の三という希少情報をぼくは知らされたわけだが、そこがどの水系のどのあたりで、どんな形状をしているかを知っていることと、現実にそこに立つことができるかが同義でないことにぼくは気がついていた。自分をそこへ連れて行ってくれとこちらから持ちかけるのはあまりに図々しいのではないか。先方が多大な時間と労力を費やして見つけ出したヴァージン・プールに立ち入るのに「オレも一枚噛ませてくれよ」などというのは、どうしたってかなり図々しい依頼である。しかし、気がついたときにはすでに言葉は発せられていた。

「そこ、オレも連れてってもらえるの？」

自分の口であるはずなのに、どうにも制御することができなかった。依存症の患者がアルコールや覚せい剤を得るために分別を失うのと変わりがなかった。釣欲が人間関係を壊す事例にいくつも接してきたぼくは、言葉を発した瞬間我に帰り、背中に冷たいものを感じた。しかし一度外に出してしまった言葉と排泄物は元に戻せない。

「もちろん。それもあって探したっていうのもあるんだわ。だから、こっちへ来るまで釣らないでとっておく。だけどほんとは探しに行ったとき、最初の釜で一匹だけ釣っちゃったんだ、我慢できなくて。でも小さいヤツだったから」

「小さいって、どのくらい？」

「40センチちょっとくらいだったかな…」

子どもの頃、少年漫画雑誌の未来予想図に胸をときめかしたときの気持ちが蘇ってきた。これまでの経験から、期待を膨らませすぎてはいけない理由をいくつも見つけて現実に戻った。それでもヴァージン・プールがぼくに十分なエネルギーを充填してくれたことはまちがいない。ある程度の年齢に達すると、日常を抜け出して長い旅に出るにはそれなりのエネルギーがいるものなのだ。

思い返せば、ぼくはずっと人生が平板になることを嫌ってきたように思う。ぼくが引き継いだ家業は、予想したほど単調ではなかったが、予想以上の忍耐を必要とした。仕事を継続することができたのは、ドラマチックな釣り人生が平行してバランスをとってくれたからだと思っている。不思議なもので、家業のサバイバルに成功したと思えるようになった頃から、自分に内在するエネルギーの減少を感じるようになった。せっかく長い夏休みを取れるようになったというのに、計画を立てるのが億劫になった。

それでも毎夏、自家用車で北海道釣行に出かけるのを恒例にしてきた。希少情報のおかげで、この年はフェリーで苫小牧に上陸するまでがとても短く感じられた。ヴァージン・プールへ真っ先に向かいたい気持ちもあったが、そこは無駄のないコース設定という理由をつけて肩慣らし釣行を事前に組み込んだ。

ぼくが住んでいる関東と北海道とでは、同じ鱒釣りといえども感覚的な違いを感じることが多々ある。もちろん基本は変わらない。しかし関東で醸成した釣りセンスをそのまま持ち込んでも、うまくいかないことがある。釣り場の成り立ち、魚の大きさや密度、自然再生産魚の割合、放流してからの経過時間、釣獲圧の多寡等々の条件が道具立てや釣り方、その他諸々に影響する。

北海道感覚に慣れたような気がしたところで、それはきっと一端に触れただけに過ぎないだろうし、そのとき芽生えかけたセンスも関東に戻って釣るうちにやがて忘れてしまう。北海道を再訪して最初にロッドを振るとき、ぼくはいつも早くギャップに触れたいと思う。そして少しでも早く慣れたいと思う。それが、長い釣旅の、その後の釣果にも影響するからである。

北海道の川を釣るとき、ぼくはいつも大物を意識している。例えば関東を釣るときと北海道を釣るときとではティペット選びにギャップを感じる。関東を釣るときには6Xと7Xの間に6・5Xがラインナップされていることのありがたみを感じる機会が多いのに対して、北海道では3・5Xの存在理由を実感する。こういう事例を挙げていくときりがないが、ふだんチマチマした細かい釣りをすることが多い自分の常識を一旦リセットする必要がある。

釣りの感覚が変わりはじめると、心身も旅に順応してくる。起床、食事、排便、入浴、就寝といった生活リズムができてくる。旅の初めの緊張や興奮が落ちついて、リラックスして釣りに集中できるようになる。ただ、この夏はどこかもうひとつ、それまでとは違っていた。それはヴァージン・プールの存在だった。訪ねる日時が迫ってくるにつれて、思い出す回数が増え、そのたびに妙な緊張感を覚えた。

思うにこれは、自分のためにセッティングされた見合いの日時が迫ってきたときと同じ感覚なのではないだろうか。ぼくは恋愛結婚をしたし、見合いの経験もないが、不思議とこの比喩は正しいという自信がある。写真はなかったが、見合い相手はとびきりの器量良しでスタイル抜群、しかも世間擦れしていないという話を思い出して高鳴る胸と反対に、相手の性格はどうだろうか、自分を気に入ってくれるだろうかという不安も大きく掻き立てられる。旅先の寝床で、ヴァージン・プールのことを思わない夜はなかった。考えたってしょうがない、楽しめばいいんだよ。そう自分に言い聞かせる一方で、話がうますぎるという疑念も消えなかった。

待ち合わせ場所に、マッちゃんは先に着いて待っていた。そこからなら二時間もかからないでしょ、と言われたので二時間前に出発したのだが、到着は十五分遅れになった。そこでクルマを乗り換え、走り出してすぐにその理由がわかった。交通量の少ない北海道のワインディング・ロードを、マッちゃんは平均巡航速度の二割増しくらいで飛ばすのだ。

「昼間はこれくらいが普通だけど…」

マッちゃんは言う。

「朝夕はセーブしないとね。鹿が飛び出してくるから、止まれるスピードで走らないと」

「止まれるスピードって、何キロくらいさ?」

「そうねぇ、60キロがやっとかなぁ」

もう太陽は空の高みで輝いていたので、ぼくは高速ドライブにドキドキした。おかげで未舗装路に入ってからも駐車場所にクルマを停めるまで、見合い会場へ向かうときに感じるであろう緊張を覚えることはなかった。

リア・ハッチを開いて、釣り支度をはじめると急に胸が締めつけられた。それはいつものことなのだけれど、締められ具合はかなり強かった。今日のは、この川にデカイのがいればいいなぁという希望的観測ではない。確実にいるのである。それも一匹二匹ではない。この川で生まれ育った爆発的な力を秘めた筋肉の持ち主が、それも50センチを越す野生ニジマスが十匹以上いるのではないかという。

「このあたりから入ってくんだ」

胸の締めつけに慣れた頃、ぼくはマッちゃんの後を追って森の中に踏み込んだ。北国の森はジャングルのような密林ではなく、楢や樺といった広葉樹が枝を広げて空を覆っているのだが、そこはかとなく明るい。低木も疎らにしか生えていない。そのかわり高くても腰くらいまでのクマザサが密生している。掻き分けて進めば進めるような密度なのだが、誰かが掻き分けて進んだような跡があり、抵抗が少ないのでいきおいそこを歩くことになる。

「誰か歩いた跡みたいだな…」

「あはは、こりゃあ獣道だよ」

マッちゃんに笑われる。都会人はこんなことも知らないのかと、呆れられたのかもしれない。まあ、東京生まれの東京育ちなのだからしかたがない。取り繕いようもないのだ。

獣道を歩いていると、動物が繰り返し歩く気持ちがよくわかる。長丁場では断然疲れ方が違ってくる。地面もフラットで歩きやすく、最初は調子よく足を高く上げて歩いていたのだが、そのうちにつまずいて転びそうになった。ところどころ、クマザサの下に倒木が横たわっているのである。

高木とクマザサの組み合わせは、森の中を遠くまで見通すことができるが、それは動物にとっても同じことである。ヒグマがクマザサの中に伏せると、簡単には見つけられないという。ぼくらは熊鈴を鳴らし、大きな声で話し、自分たちをできるだけ騒々しい存在としてアピールすることを心掛けるが、一方で深閑とした森の奥に生き物の気配を探らないではいられない。太い幹の陰や、歩いていく方向を窺っていると、会話が途切れがちになり、熊鈴の音だけが響くようになる。何か話さなきゃと思う。そんなことを繰り返していたのだが、自分が釣りのために歩いていることを思い出させてくれたのは、森の外縁から入り込んでくる谷の明るさだった。

川原の石に腰掛けて一息入れた。流れは、明らかに渇水の様相を呈していた。雨はしばらく降っていないという。水分補給をして、マッちゃんはすぐに腰を上げた。そこからは流れに沿って進んだ。ときどき現れる深みにフライを浮かべてみたくなる。けれどもマッちゃんに諫められる。

「こんなところにいる魚なんか、相手にしないで歩いたらいいんだ。もう少し行ったらでっかいのがいるべや」

そこからしばらく、我慢して後をついていくとマッちゃんが立ち止まった。上流に大きなプールが

見えた。

「ここからはまっすぐ進んじゃいけないな。感づかれるといけないからね」

そう言ってマッちゃんは再び谷の斜面を登り、森との境界を伝っていった。

「こっちだ。あそこからなら釜が見渡せるから」

その高みからは、大きくカーブする流れにできた深いプール全体を俯瞰することができた。

ぼくは感嘆の声を発してしまった。この状況を知っているはずのマッちゃんでさえ声を上げている。ほんとうだった。べつにマッちゃんを疑っていたわけじゃない。だけどこの目で見るまで信じられない状況がここには存在したのである。

ぱっと見渡してすぐに、十匹くらいのニジマスがいることがわかった。一番大きいのは二つに分かれた流れ込みの、緩くて深い方に定位している。全身が丸見えだからわかるのだが、60センチを越えているのはまちがいない。しかも太いのである。ひとまわり小さくなるが、50センチは越えているだろうというのが四匹、40センチ台なら五匹は確認できる。初見の瞬間に、存在を目に焼き付けるには40センチ以上の大きさが必要だったようだ。よく見ればそれより小さいやつもいる。けれども、位置取りの競合があって隅っこに追いやられている。

「これと同じような釜が三つ続いてるんだ。全部に魚はいるはずだ」

このカーブは、ちょうど地表に岩盤が露出する地点のようだった。岩盤が流れに侵食されてできた大きなプールを、マッちゃんは釜と呼んでいる。周囲には人間の足跡はおろか人工物の欠片も落ちてはいない。注意深く探ってみたが、流れ出し方向の砂地に鹿の足跡が認められるだけで、人間がやってきた形跡は皆無だった。

「この前来てからこっちは、人は入ってないね?」

「いや。その前も、すくなくとも一年は誰も入っていないはずだ」

いまぼくはヴァージン・プールに立っている。もうそれだけで満たされてしまいそうだった。

「これはまさにヴァージン・プールだなぁ。言葉の響きに似つかわしい。日本語にすると…処女釜か」

ぼくが言うと、

「なんかちょっと、怪しい響きがあるな」

マッちゃんがそう言ってニヤリと笑った。

ぼくは、新宿二丁目にあった「ヴェルサイユ」というバーを思い出した。処女釜という言葉を思いついたせいで、この大自然の真っ只中にいてその店を連想してしまったのである。なぜかはわからないが、ぼくは都市にいると人工物のない自然の風景をイメージするのに対して、自然の中にいると都市の一隅を思い浮かべてしまうことが多い。「ヴェルサイユ」を訪ねたのは三十代前半だった。相手をしてくれたトランスジェンダーの女装をした男性は、源氏名をフランソワーズと言った。ぼくはただ自分と異なるジェンダーに対する好奇心を満たすために友人の誘いに乗ったのだが、酔いが回ってシリアスな質問をしたときに、フランソワーズに睨み返された記憶がある。翌日の昼下がりに自宅で目覚めたときにはひどい二日酔いだった。

「作戦立てようか」

マッちゃんが声を掛けてくれたおかげで、ぼくは現実に戻ることができた。妄想を悟られたような気がして、ちょっと取り乱してしまった。

「ここを釜一、隣を釜二、その向こうを釜三と呼ぶことにしよう」

「了解」

釜一を何度眺め直しても、ぼくには釣り堀のように見えてしまうのだった。高校生の頃、フライフィッシングを有料鱒釣り場で覚えたし、現在でも機会があれば出かけていくので、ここが天然自然の釣り場であることを肝に銘じる必要があった。突っ立ったまま近づいていけば、接近を察知した時点でニジマスは身を翻すだろう。一匹がスプークすれば、それは釜に共存するすべてのニジマスに伝わるはずである。つまりその釜からの退場を命じられたも同然、ということになる。狙いをつけた一匹をフッキングするまでは、ただの一匹も怯えさせてはならない。自分という闖入者の存在を悟らせずに接近する。それだけならまだしも、ロッドを振り、ターンさせたラインを静かに着水させ、その他諸々の操作をして、フライをくわえさせねばならない。たとえウブなニジマスが簡単にフライをくわえてくれるのだとしても、接近は考えるだに至難である。

「番長はちょっと難しいだろうな」

マッちゃんの見立てである。番長とは、その場所で一番の大物ということである。ちなみに函館の釣友は、番長のことを黄門様とも呼ぶ。その呼び方の良い点は、ちょっと味気ない二番手三番手という呼び名を助さん格さんクラスと呼び替えることができるところである。その下は風車の弥七ということになるが、釣り上げた魚を覗き込んで、弥七クラスですね、と言われるとすこし残念な響きがある。さらにそれより小型のニジマスはうっかり八兵衛と呼ばれるが、簡単にフライに食いついてプール全体の釣りを台無しにしてしまうことから、これにはむしろ迷惑この上ない響きがある。うっかり八兵衛にやられた、というような使い方をする。黄門様は無理でも、せめて助さん格さんクラスを釣り上げたい。

「あの、反対側の流れ込みにいる、あいつはどうかな？　一番食い気がありそうに見えるんだけど…」
「あそこに定位しているんだから、食い気はあるだろうな。でも、どうやってアプローチする？浅いだけに、下流からアップで狙ったらスプークしちゃいそうだしな。かといって上流からはあまり近づけないな。ここからははっきり姿が見えるけど、下に降りたら見えないよ、たぶん。で、浮かべるの？　沈めるの？」
ライズする気配がないんだから、沈める方がいいのだろう。けれども姿が見えないのに上流からニンフを流し込めば、捕食の瞬間を感知するのは難しいかもしれない。自分の察知能力を信じるべきか、目視可能なドライフライに頼るべきか、いずれにしても一投目が勝負だ。だけどここはヴァージン・プールなんだから、もっとずっと簡単にことが運ぶ可能性はある。ニンフは引ったくっていくかもしれないし、目の前にドライを落とせば簡単に食いつくんじゃないのか？　いやいや、そんなに自分を甘やかしちゃダメだ。二投目三投目はないと思わなければならないぞ。いまこそ真剣勝負であるはずなのに迷いに迷う。ここで迷ってちゃ釣れないよな、とも思う。自分を情けなく思っていたそのとき、釜の中央部に手前側から低くせり出している岩の際にライズリングが広がった。

「ライズした！」

思わずマッちゃんと顔を見合わせた。岩陰に見え隠れしているライズの主は、まちがいなく助さん格さんクラスである。

「あいつ狙ってみようか！」

「そうしよう」

ぼくは目立った流下物が見えない状況から、捕食されたのは小さめの陸生昆虫であると推測した。ボックスを開いてテレストリアルを探したが、

「4Xじゃ危ないよ」

というマッちゃんの助言に従って3Xのティペットを繋いだので、直感でバランスするサイズと思ってつまみ上げたのが#12のフォーム・ビートルだった。そいつをティペットに結んで、せり出した低い岩に乗り移れるところまでぼくは降りていった。マッちゃんは高みの見物だ。

「今日は好きに釣ってくれよ。俺はゆっくり見物させてもらう」

「それはそれでプレッシャーなんだよな」

釣りはじめから終わりまで、逐一後方から観察されているというのはなんとも落ち着かない。プライバシーを覗き見されているような気分だ。けれども、チャンスを譲ってくれる、なによりここを発

見して連れて来てくれた最大の功労者に文句はない。岩に移る前にぼくは何度も、ここにいる魚はスレていないから簡単に釣れるんじゃないか、という期待を持たないように自分に言い聞かせた。結果的に釣りが簡単だったとしても、緩みや甘えは失敗に直結する。

例えば瀬のように波立った、早い流れにいるニジマスは、どんなに水が澄んでいようとも捕食優先で警戒心が緩んでいることがある。あるいは流れはゆっくりでも水にうっすら色がついているような釣り場なら、ニジマスの方から捕食のために近寄って来ることもある。けれども澄んだ水がやっと動いているような渇水で、餌の流下が極端に少ないのは、経験的にもっとも難しい状況である。親魚の産卵・放精によって生を受け、水鳥や動物、同類の魚、人間といった強敵の攻撃をかわし、厳しい自然の中を生き延びて老成したニジマスの警戒心はおそよ超能力者を彷彿とさせるものがある。

思い出すのは平地の浅い湧水の流れだ。流れに沿って、密度のある河畔林の影の中を友人たちと魚を探して歩いたときのことである。10数メートル離れた木陰から大きなニジマスの魚影を見つけて立ち止まった。最初に見つけて「いたいた」とくぐもった声を発した友人を取り囲んだとき、ぼくは落ちていた小枝を踏んでしまった。ポキッと小さな音がした刹那、ニジマスは身を翻して矢のように流れを下っていった。

その日、ぼくらはさらに四匹の大型ニジマスを見つけることに成功したが、すべてロッドを振る以前にスプークされた。完全無欠のすばらしい魚体を確認しておきながら、釣りをスタートする地点にまで近づくことも許されなかったその日の体験は、ぼくの心に野性の厳しさを刻みつけた。

草に紛れているかもしれない細枝一本も折ることなく、ぼくは岩に乗り移った。巨大な岩だが、高さはない。一番高いところで水面から1メートルくらいである。上流から転がってきた岩ではなく、

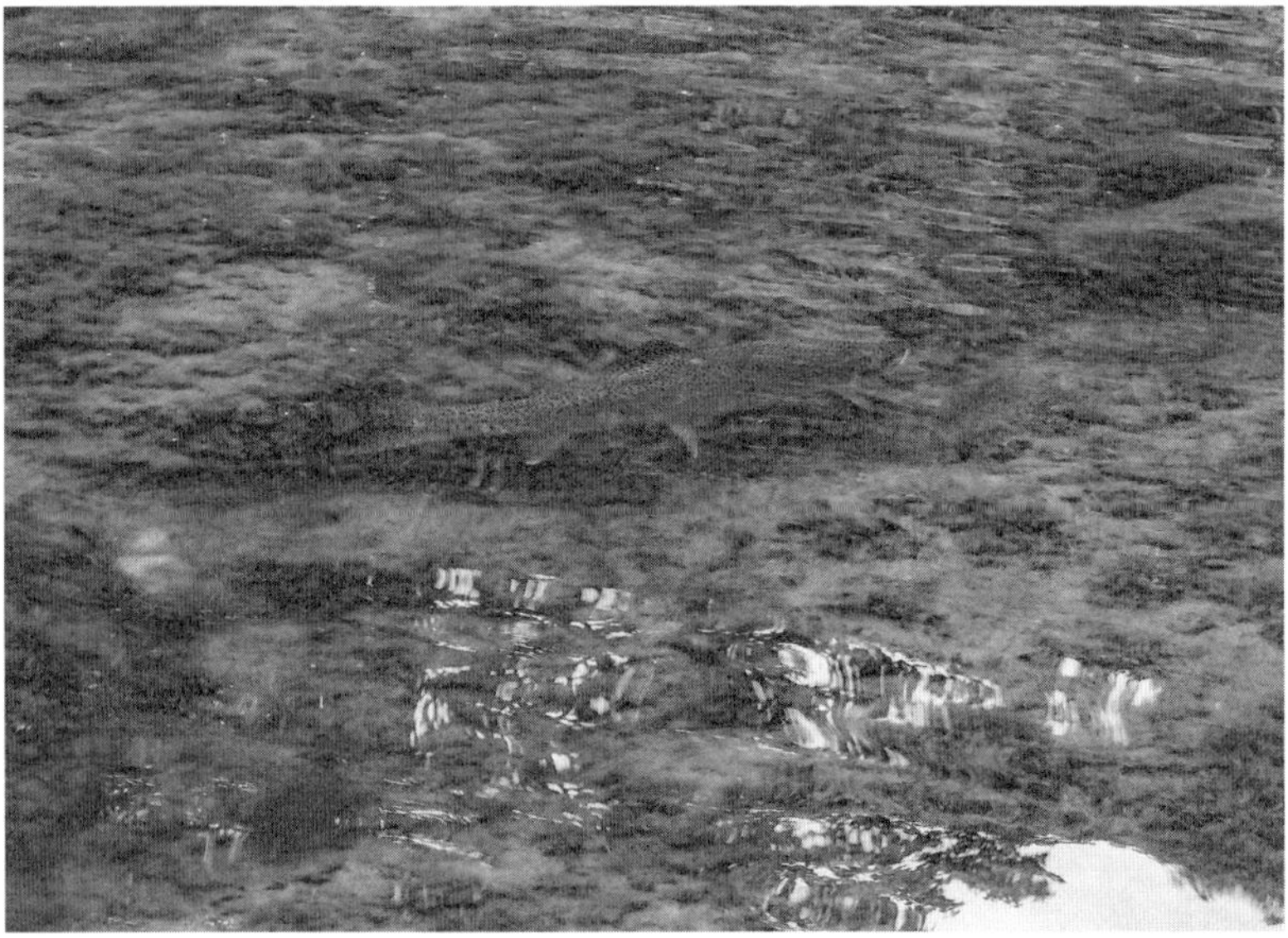

流れに削られた岩盤の一部で、増水すれば水面下に没するはずである。その緩やかな凹凸の上を姿勢を低く動こうとすれば、匍匐前進に近い姿勢となる。子供の頃の戦争ゴッコ以来かもしれない。ふだん使わない筋肉を使うから、翌日の筋肉痛は避けられないだろう。ウェーダーの生地を介して硬い岩と接触する膝も痛いが、それらはすべて小事にすぎない。ただただリールを岩にぶつけないように注意を払って前進した。

しかしすぐに行き詰まった。岩の傾斜が前下りに変わったのだ。頭から流れに近づいては身動きがとれなくなる。もうすぐそこにロクマル越えの番長が見える位置にまで来ている。方向転換する間も気が気ではなかったが、幸い番長は上流を向いているせいか悠々と、警戒心を解いたままヒレを揺らしていた。

その場で腹這いから、横向きでテレビを見るような涅槃仏に近いポーズに移った。更に腰を前方にせり出して、尻を滑らせつつ水際に近づいていく。まるでツイスターというゲームをやらされているようだ。一人のときにはけして自意識など芽生えないのだが、今日はマッちゃんが見ているせいで自分がしていることの滑稽さに気づき、恥ずかしい。けれども緊張がそれに勝っていた。

狙いをつけたニジマスは、トランク二つ分くらいの岩の膨らみの向こう側にいるので見えない。マッちゃんのいるところからは見えるはずだ。彼がなにも伝えてこないということは、まだそこにいるということである。

一枚岩の下り傾斜はそこで再び盛り上がり、流れに削られた水際は一転して急傾斜が水中まで続いていた。まるで古いスポーツカーのフロント・フェンダーのような形状である。ちょうどタイヤの中心の位置にニジマスはいる。ぼくはフェンダーの上流側に回り込んだ。気づかれないようにそっと顔を出していく。

いた。ターゲットは岩から離れたときや、水面に近づいたときに姿が見える。定位しながらも動く範囲の上流側いっぱいまできたときには、ぼくと2メートルも離れていない。最初はダメだ、気づかれると思ったが、姿勢を低く保って動かなければわからないようだ。野生のニジマスをこれほど間近で観察する機会などこれまでなかった。釣るには近すぎる。しかし離れることもできない。なにより、眺めるためにここに来たのではない。

「魚の位置確認した。やってみる」

マッちゃんに声を掛けてから、ぼくはフックキーパーのビートルを外した。ティップから引き出したラインは50センチ。それでも長すぎるような気がした。後方でちょっとフォルスキャストの真似事をしたが、まったく意味がなかった。フライを空中に射出して、ただ水面に置くだけだった。ビート

ルはすぐ目の前の水面に落ちた。
ティペットが波を打っているのがよくわかった。フィッシュウインドウに入る前に修正しようとロッドを持った手を精一杯上流側に伸ばしたが、水面に乗った3Xの弛みがすこし伸びただけだった。ええい、ままよ。と思ったそのとき、フライの先に影が浮かび上がり、鼻先をフライに向けた。
(しめた!)
グリップを握る手に力が入ったが、ニジマスはフライの下をくぐり抜けてUターン、釜を下流に向けて泳ぎ去って再び同じ位置には戻らなかった。その様子を察知した、深みに泳いでいた数匹の助さん格さん、弥七クラスも動き出す。いつ気づいたのか、上流右岸側の浅い流れ込みにいたニジマスまで、慌てて深みに入りこんでいった。一定間隔で整然と泳いでいたニジマスたちが、突然編隊を解いて戦闘モードに入ったようなありさまだった。

「ああ、やっちゃったよ！」

　思わず声を上げてしまう。

「番長はまだだ！　気づいてないぞ！」

　マッちゃんからの返答に、とっさに岩の上に伏せた。そっと顔を上げて右手上流方向に目をやると、番長だけが何事もなかったかのように泳いでいる。60センチを超える巨体は、あいもかわらず上流の水面方向を向いたままヒレを揺らしている。鱒が数匹泳いでいたなら、一番大きなヤツが最も餌の取りやすい場所を占有し、しかも最も警戒心が強いのがふつうである。それはその番長が外敵からの危険をかわしながら仲間との餌取り競争にも勝ち抜いてきたことの証である。

　泰然自若とした番長の佇まいは、ぼくに一縷の望みを抱かせた。ひょっとするとこいつだけは鷹揚に構えてるのではないか。怯えてしまったほかのニジマスとちがって、毛鉤にも興味を示してくれるのではないか。なにしろここはヴァージン・プールなんだ。一匹くらいそういうヤツがいたっておかしくないじゃないか。いや、そういうやつがいてこそのヴァージンだろう。

　ぼくは意を決して、キャスティングができるように体制を立て直した。番長は相変わらずだった。鱒が水面近くに定位するとき、後方の低い位置が死角になることをあらためて実感した。

　ロッドを振る前に、まず考えた。これだけ流速が遅く、鏡のような水面であれば、鱒を飛び越して前方にフライを落とすことはできないはずだ。番長を驚かせる可能性が高いし、なにより真っ先に太いティペットを見せることになる。ここはひとつ、番長に振り向いてもらうほかあるまい。そうすればまずフライが目に入るはずだ。

　ぼくは番長のフィッシュ・ウインドウが描く円を水面に想定して、その後端に狙いをつけてフライを投じた。ループが伸びていき、フォーム・ビートルに引っ張られたリーダーは、一度空中で直線になってから静かに落下した。落ちたのは、狙いをつけたピンポイントだった。「振り向け！」と心の中で叫ぶが、番長はフライの落下に気がつかなかったかのように平然としていた。

会心のキャストだっただけに少々落胆した。けれども、同じことを繰り返していてもしかたがない。次はもう少し攻めなければならない。幸い、リールから余分なラインは引き出されていない。もう20センチ、ラインを伸ばすことにしよう。キャスティングもストレートで、余分な小細工はいらない。

今度も正確に20センチ先にビートルが落下した。それはちょうど番長の尾びれのあたりだった。刹那、番長は躊躇なく反転し、ぼくに向かって加速、深みへ消え去った。先ほどのキャストで違和感を覚えていて、まるで準備していたかのような行動だった。

「くそーっ！」

思わず声を発してしまう。マッちゃんは笑って見下ろしている。嘲笑ではない。親愛の笑いである。ぼくはマッちゃんが自分に厳しいことを知っている。簡単に釣れる釣りなんてつまらないというのだ。厳しい状況に出会うほど、それを乗り越えて釣らなければ納得できないという男である。それを人は自虐的というのかもしれないが、ぼくはマッちゃんが自分と勝負しているのだと思っている。

「キビシイなぁー！？」

かすりもしなかった釜一の結果に、思わず愚痴が出てしまった。

「いやちょっと待ってくれよ。ここはヴァージン・プールじゃなかったのか？　想像してたのと全然違ってるんだよな」

「しょうがないよ、俺もちゃんと釣ったことがなかったんだから…釣りしないで取っておいたんだもの。真剣に釣るのは今日、あんたが初めてなんだわ」

人が通わないプールに大型の野生ニジマスがいっぱい…そこまでは予定通りだった。けれども極限まで、釣りをさせてもらえないほどにスレてはいないけど、まるで連日フライと本物の餌を区別する訓練だけは積んでいるかのような反応をしてくる。これはどういうことなんだろう。

「このまま釣ったとき、フライはなんだったの?」

「ビーズヘッドのニンフ。尻の方にいたやつ狙ったら、割と簡単に食ったんだけどね」

「そうかぁ。でもこれだけデカイの見ちゃうと、弥七を釣ってもしょうがないと思えちゃうんだよなぁ」

「わかるよ。でもまあ、ひとまずここは休めておいて上に行こう」

マッちゃんに促されて、ぼくらは上流にある釜二に向かった。基本的に対岸と底は岩盤だが、手前は石が堆積した河原になっていて、今度はそこからのアプローチになった。

釜二は浅く、河原の高みから見渡してみたのだが、釜一ほどの大物は見つけられなかった。水深があまりないところは、ニジマスの大物は好まない。見つけられたところでは45センチくらいが最大だったので、そいつに狙いをつけるのだが、どうももうひとつ集中できない。ふとした拍子に散漫になり、沈めたニンフを見失ったり、プレゼンテーションも雑になる。原因は明確だ。狙いをつけたニジマスが釜一の番長や、助さん格さんに比べると明らかに格下だからである。

(コイツじゃあ、釜二の番長とは呼べないな)

そんな台詞が漏れそうになる。余計なことを考えていたら、うっかり八兵衛に横からニンフをかっさらわれてしまった。30センチそこそこの魚体だがジャンプを連続、釜二の魚は騒然となり、大型は姿を消した。

まいったなぁ、とは思いながらも、魚を釣り上げたことはそこはかとなくうれしい。今日、そしてこの処女釜シリーズ最初の魚だからである。3Xのティペットで簡単に引き抜いたニジマスを眺めてみるが、小さいということ以外非の打ち所がない魚体である。人間の関与がなく、自然のままに生まれ育ったことは疑いようもない。

ぼくには、小型でも美しい魚がたくさん釣れれば、それで心から満足できるという釣友がいる。魚の大きさに関係なく、ロッドを握って美しい渓流を歩ければそれで充たされるという人もいる。ぼくはどうしてもそういう境地にはなれなくて、魚影を目視できないときに小型ばかりが釣れてくると、どうすればもっと大きな魚釣れるだろうかと考えてしまう。釣欲を満たすには、各人がそれぞれにエモーショナルな基準を持っているだろう。そしてそれは経験によっても変化する流動的なものだろう。

誇示できるような釣果を得たならば、いっとき薄っぺらな自尊心が満たされる。釣り天狗に釣友という聞き役が必要になるときだ。けれども、釣果自慢だけが釣りの喜びではない。フライフィッシングという遊びはできないことだらけの状態からスタートするが、乗り越えるハードルが高くなるほどに喜びも大きくなった。狙いをつける魚の大きさは、そのままハードルの高さになった。フッキングさせるまでの前半と、フッキングしてから取り込むまでの後半を含めた全過程で難度が高まるからだ。

ぼくも大きさに執着し、より激しく抵抗する野生魚の風格にも執着した。困難な状況を克服するたびに、ぼくはそれまでの自分を乗り越えたように錯覚した。ぼくは自分と闘っていたのだ。自分に勝利するたびに心は満たされるのだが、終わりはなかった。人生が、ずっとフライフィッシングという霧のなかを進んでいくようで、このままでいいのかと迷った日もある。しかし初老に至ったある日、これまでの生き方を振り返ったときに、突如理想的な釣り人生だと思えるようになった。けして満たされない空洞を埋めようとすることで知らない人に出会い、知らない世界の話を聞き、知らない風景に出会って、自分の小ささを知ることができた。フライフィッシングの世界は広すぎるから、もうこのまま人生の最後まで行くだろう。

釜三に向かって歩きながら、マッちゃんは言った。

「実は、釜三はまだ見てないんだ。まちがいなくいるとは思うんだけどね」

マッちゃんはそう言って、再び川原から森へ入っていった。ぼくも後に続いた。釜三も例に漏れず地表に露出した岩盤によってプールが形成されているのだが、中央に小さな家半分ほどの巨大な岩がせり出していて、緩い流れはその岩にぶつかり、胴を巻いて流れている。ぼくらはその岩の上を目指した。

岩の上部はわりと平坦で、木が倒れこんでいることを除けば、居心地がよさそうだった。水面からは3メートルほどの高さだろうか。ぼくとマッちゃんは縁まで行って生えている木につかまり、恐る恐る釜を覗き込んだ。

「いるいる！　ひとつ、ふたつ、みっつ…デカイのだけでも三匹いるぞ」

「いやいや、底の方にもいる！　四つはいるね」

興奮して、矢継早に移動してしまう視線に気づいて、ぼくは自分に落ち着くように言い聞かせた。中層に定位しているニジマスが二匹、底に張り付いているのが五匹。どれも50センチは軽く越えている。小さいのまで入れれば倍以上の数である。

再び、やる気のスイッチが入った。問題はどうやって釣るかである。たしかに岩の上から見渡せば釜三は丸見えだ。けれども、魚が掛かったときの取り込みに難点がある。上流側にロッドを持ったまま水際まで行けそうなところが一ヶ所あるのだが、直前のところに倒木が積み重なって行く手を塞いでいる。一方、対岸の河原から釣れば取り込みは可能だが、魚はまったく見えなくなるはずである。相談の結果、ぼくが対岸に渡って釣り、マッちゃんが岩の上に残って逐一状況を知らせてくれることになった。ぼくは魚の分布範囲と、その最上流を示す目印になる岩の突起を確認して対岸へ渡った。

はじめはドライフライを結んだ。マッちゃんによれば、水面近くに定位する一匹が何度か興味を示し、一度くわえそうになったものの、直前で反転してしまったそうである。その魚は反応も悪くなったというので、次はニンフを試してみることにした。流れが緩いので、大まかな所在をつかむために控えめなインジケーターをつけた。

ぼくは手前から流しはじめる。一番外側に定位していたニジマスを思い出して、このあたりだろうと目星をつけて、できるだけソフトにプレゼンテーションする。インジケーターが下流に動いていく。そろそろだろうというあたりに差し掛かると気持ちを抑えて変化を待つが、何事も起こらないままインジケーターは流れ過ぎる。

「もうちょっと、あと50センチこっちだわ」

マッちゃんから声がかかる。

雑にならないように、一度ラインを回収する。影響を最小限にするために、岸際を通過させる。ゆっくり引いて、足元の砂地にできるだけ触れないように、左手に幾重かの輪を作った。前より長いラインを繰り出して、それを再びそっと水面に置く。

「お、いいコースだ。おお、いったいった…あ、あぁ、食わなかった。興味は示したんだけどね」

フライを取っ替え引っ換えしながら、こういうやり取りを何度繰り返しただろうか。ぼくは突然、

水中の様子が見たくてたまらなくなった。気分転換も兼ねて、もう一度マッちゃんのいる岩に上ってみることにした。不思議と、もう今日は釣れないだろうという気がした。

「マッちゃん、かわりに向こうから釣ってみてくれないか。なんだかさ、俺、フライが流れていったときに、この魚たちがどんなふうに反応してるのか、それが見たくてしかたないんだ」

そう提案してみたのだが、マッちゃんは、

「それならここから釣ればいいっしょ。ともかくフッキングしないとね。あとはなんとかするしかないよ」

という。たしかにそうだ。取り込みの心配をする前に、まず魚の口にフックを掛けなきゃはじまらないのである。

「二人いるんだし、協力すればなんとかなるっしょ。せっかく遠くから来たんだから、釣ってください」

マッちゃんに促されて、ぼくは大岩の縁に立った。あらためて釜全体を見渡してみて、これほどの壮観はないと感じた。自然の釣り場で、これだけ大型ニジマスが居並ぶ場所には初めて出会った。この景色だけでも、目に焼き付けておく価値がある。対岸の砂地に、さきほど自分がつけた足跡が残っていた。それがまたぼくにヴァージンを想起させたが、もうそんなことに拘っている場合ではない。ヴァージンならきっと清純だろう、素直だろう、スレてないだろうなんて考えたのがぼくのまちがいだった。いや、清純は当たっているのかもしれない。清純＝素直という図式がまちがった思い込みだったのである。

悪夢は続いた。うなされるような夢を見ているときほど、なかなか目を覚ますことができないものだ。幸か不幸か、頭上3メートルの高さにいると、ニジマスたちにはまったく警戒されることがなかった。ただ、水面に置いたラインには違和感を感じているようだった。できるだけ影響が少ない位置にラインを乗せて、ニンフを流していくと、何度かに一度、ニジマスが反応した。それはチラ見だったり、わずかな接近だったりするのだが、ウーリーワームに結び替えたときに一度だけ、助さんが近づいてきてキスをした。まちがいなくハックルとは接触しているはずなのに、口を開くことはなかった。ぼくとマッちゃんの、あー、という声だけが谷に響いた。

もう、小型のニジマスが食いついてもアワセを入れなかった。いっそ、ニジマスたちがすべてを無視してくれればもっと早く諦めがついただろう。時折見せる小さなリアクションに引きずられて、ぼくは止めるきっかけを見出せなくなっていた。自分の内面の変化に気がついたのは二時間くらいたったころだろうか。

いつのまにか「釣ってやろう」という攻撃的な気持ちが消えていた。儀式のように、大きなニジマスにニンフを送り込む作業を繰りかえす自分の内面が、凪いで平穏になっていた。目や腕や背中には疲労が蓄積されているが、疲れ果ててしまったのか、むしろ心は清澄だった。憎しみや怒りに似た攻撃的な感情はたしかにエネルギーを生む。しかしそれは同時に、自分をも切りつけている。これは「敗北」だから、これまでだったら打ちひしがれたあとに悔しさがこみ上げてきて、それがまた復讐のためのエネルギーを生んだだろう。けれども、今日はどこか違っている。

「食わないね。なんだか魚の反応見ているだけでずっと続けてしまいそうだよ」

「そうかい。俺もここまでとは想像してなかったなぁ」

隣でずっと一緒に流れていくニンフを見つめていたマッちゃんが口を開いた。

「でも考えたら、これだけ長く釣りにつきあってくれるでっかいニジマスってのもいないわ。ほかだったらもうとっくにどこかに消えてるはず。やっぱりそこは、ヴァージン・プールでなければありえないわ」

「そうすると、釣れるか釣れないかは運、っていうか日頃の行いか？」

ぼくは、これまでしてきた不法なこと、不道徳なことを思い返していた。それは例えば、制限速度を越えた運転で事故を起こしそうになったことだったり、同級生の女の子がいじめられているのを傍観していたことだった。そしてやっぱり、フランソワーズのことも思い出した。曇り空を写した釜三の平坦な水面に、あのときの目が浮かんで、ぼくの胸を射抜いた。それで心の底に穴が開いて、澱のように溜まった罪悪感がすべて漏れ出してしまえばいいのにと思った。

ぼくには忘れられない過去の失敗がたくさんあって、その数は人より多いような気がする。思い出すと、恥ずかしさや悔しさに声が出そうになる。それらは決まって人が関係したときのことだ。けれども釣りの失敗は、くよくよと考えたことがない。むしろ前向きにとらえ、反省として消化することができる。これまでの人生には釣りというリフレッシュが不可欠だったし、これからも必要だ。今日はまた、どういうわけか失敗したのに清々しい。

「今日はここまでにしようか。ちょっと期待が大きすぎたかな」

ぼくの心中を察したのか、マッちゃんが声を掛けてくれた。

「うん、そうしよう」

それでもぼくの笑顔は、すこし不自然だったかもしれない。

「今日の釣りは、実は見合いのような気がしてたんだ。相手が飛び切りなのはマッちゃんが確認済みだから、ドキドキものだった。でもさ、会って初めてわかったよ。相性だってあるし、相手に心を開いてもらうっていうのは、やっぱりそんなに簡単なことじゃないんだよな」

ここにいるのは養魚池で育った魚ではない。野生の鱒には、スレていない＝簡単に釣れる、という公式が単純に成り立たないことを、今日ぼくは思い知った。特に老成した野生鱒が育んだ警戒心は、並大抵でないことを身に沁みて理解させられた。警戒心が多少なりとも緩むには、ある程度頻繁に餌を捕食している状況が必要なのだろう。それにはもうすこし多くの餌が供給される必要がある。今日は曇って肌寒かった。虫も飛んでいなかった。増水でなくても、晴れただけでも状況は変わるかもしれない。けれども旅行者は、いつまでも時を待つことができない。

「ここはなんていうのかな…つまり贖罪のためにあるプールのような気がするんだよな。魂を釣りの世界に逃避させて生きている人間がここに導かれて苦行を課せられる」

「じゃあなんだい、俺もここに導かれた一人かい？」

「違うのかい？」

そう言うと、マッちゃんはニヤリと笑った。心に大きな傷を負ったクライマーは、我を忘れるために死と隣り合わせのような場所に行きたがる、という話を聞いたことがある。こういう釣り場でヒリヒリしながら魚と対峙する状況に我を忘れるような人間も、心に傷を抱えているのだと思う。

「懺悔は生きていくための一種のリセットだからな。ここの苦行が禊になるなら毎年来てもいいな。そんでもって、すべて許された暁には番長をゲットできる」

「わかったわかった、また来年も来てくれよ。何度でも身を清めに来ていいから」

北国の短い夏が過ぎて秋になり、マッちゃんは釜三で釣ったという素晴らしい♂ニジマスの写真を

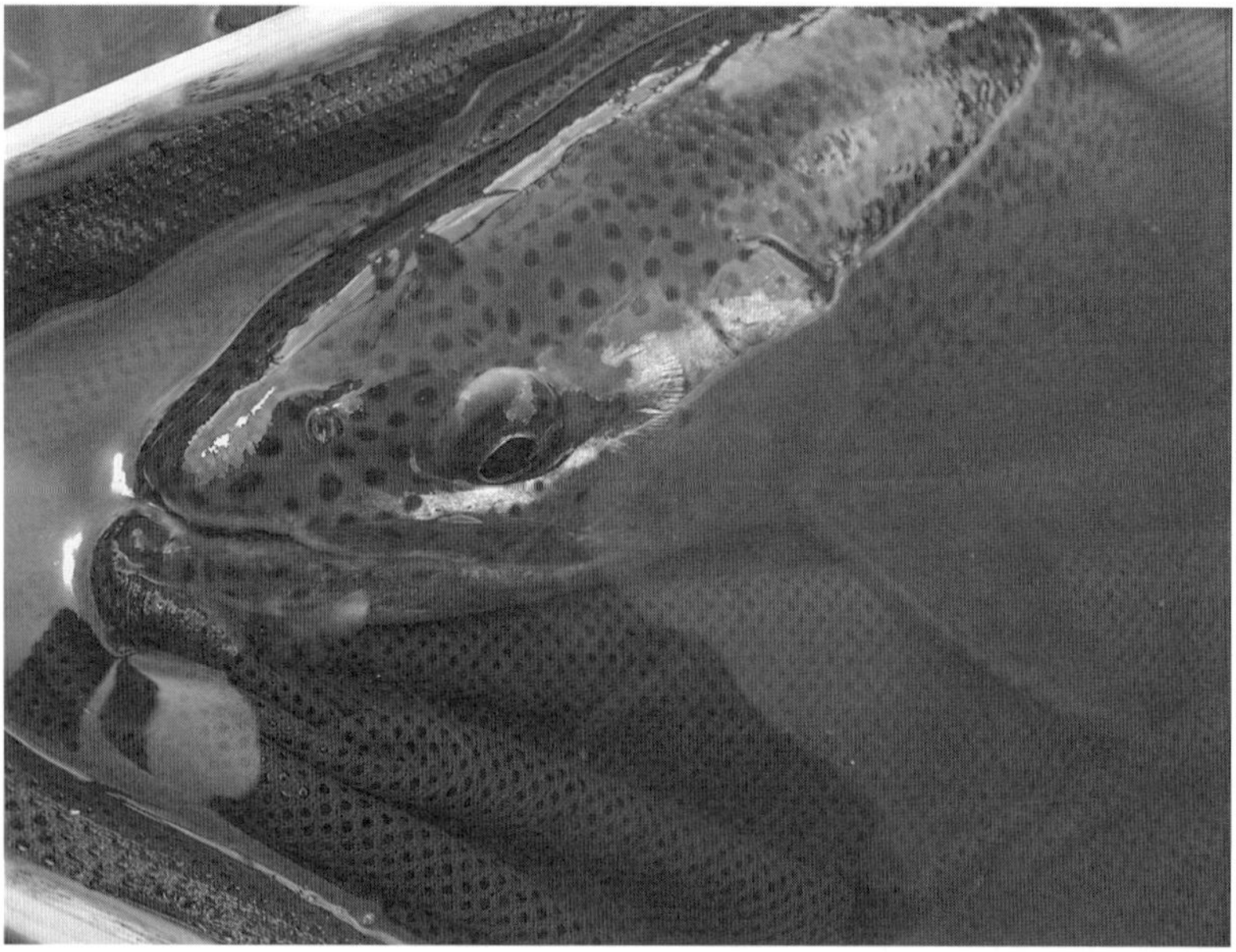

送ってきた。神様に釣ることを許されたのだろう。ぼくは夏が来るたびに二度、二年続けて贖罪プールに通ったが、まだ大きなニジマスは一匹も釣っていない。いつまで苦行を続ければ許されるのかについては、依然として先が見通せていない。

初出：二〇一八年五月発行
「フライロッダーズ」夏号

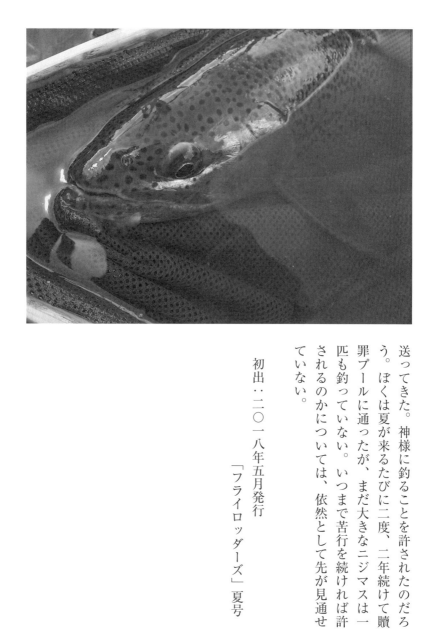

増水スイッチ

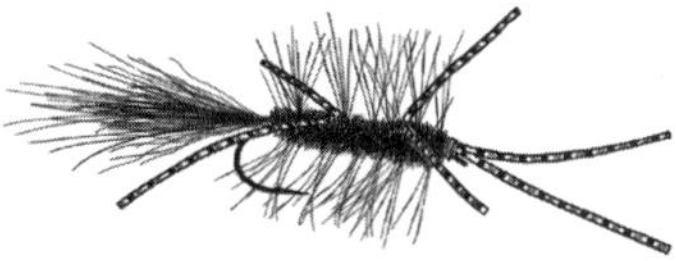

連日曇り空が続いていたが、夏らしさを感じる天気だった。曇り空の定義は、雲が空の九割を覆っているかどうからしいが、雲の量は九～八割を変動していた様子だったから、実際には曇り時々晴れという判定なのかもしれない。時折雲間から差す日差しは強く、ぼくは日焼を意識して、通気性に優れた薄手の長袖シャツを着ていた。湿度は北海道にしては高めだった。ウエーダーを履き、ベストを羽織って歩いていると、快適に仕立てられたシャツを着ていても背中や胸を汗が伝っていくのがわかった。

ぼくら三人は谷の斜面を川に向けて下降中だった。踏み跡はしっかりしていたが、なにしろ真夏は植物の成長がピークに達するから、両側から雑草が大いにせり出してきている。クマザサ程度なら気にならないが、背の高いオオイタドリが倒れこんでいると藪漕ぎと大差ない状態になった。途中、木々の間から長大なプールが見えた。

「これが『130R』だよ」

木村さんが言った。ぼくとヨッちゃんは生返事の声を小さく発したが、視線はプールの水面に釘付けだった。流れ込みに続く水の通り道を見極め、ライズの起こりそうなところ、魚の付きそうな場所を推測しようとした。残念ながら下流半分は木々に覆われていて見えなかった。目的地が見えたので、ぼくらは少し足早になった。けれども川原に降り立つまでにはそこからまだ十分を要した。それは踏み跡が130Rプールに向かってまっすぐではなく、ずいぶん下流側に斜めに下っているせいだった。

三人とも汗だくだったが、水の流れを見ると元気が出るのが釣り人である。木村さんが言うには、すぐ上流の中規模プールにも大きなニジマスが潜んでいるという。木村さんはこのあたりの釣り場に精通していて、どこに大物が棲んでいるのかを緻密に把握しているのだ。けれども、大物の食いが立

つ時合がいつ訪れるのか、それについては長年経験を積んできたと自負している三人が三人ともいまだ不完全にしか予測できないことだった。
それぞれが勝手に魚を探しながら、上流の130Rプールに向かった。ぼくらは魚影を確認することの有用性がわかっていたから、まず釣るべき魚の姿を見つけ出そうとしていた。ただし、小さなスポットに潜んでいるニジマスはあまり大きくないことも知っていたので、浅い瀬には注意が向かなかった。今日は大型ニジマスを探して釣ろうと前夜に打ち合わせていて、その本命場所として目指したのが130Rプールだった。そのため深みに目を向けるときだけは足が止まりがちになったが、全体としては遡行が捗った。
130Rの名の由来は、木村さんの友人に、若いころレースをしていたフライフッシャーマンがいて、鈴鹿サーキットの130Rに形状がそっくりだからという理由らしい。130Rプールは巨大だったから、偵察には時間を要するはずだった。けれども、結果的にすべてをくまなく探索する必要はなかった。木村さんとヨッちゃんがそれぞれに時間をかけて、いつもなら魚を見つけられるエリアに注意を注いだのだが、たった一匹のニジマスが視界の端をかすめることもなかったからである。

「まいったな。この前来たときはね、ほらそこの浅い砂地のところ…そこに回ってきたんですよ、いかにも餌を探してるかんじでね」

ヨッちゃんが不満そうに言った。

「で、そいつは釣れたの?」

ぼくが聞くと、

「そりゃあね、ハリに掛けるのと、魚取り込むのは別問題ですから。大きさ半端ないんですから」

そう言って苦笑した。言い訳のような台詞だが、ぼくにはそうは聞こえなかった。ただ、脳内にリアルな映像が再生されただけだ。一昨年、ぼくも60センチ級を掛けたことがある。水は澄んでいて、すぐ足元にまで回遊してくる♀ニジマスは丸見えだった。コースを読んでニンフを沈め、着底ギリギリで食わせるところまでは予定どおりに事が運んだ。ロッドを立てた次の瞬間、対岸上流に沈む倒木に向かってロケットようなダッシュで遁走開始、一気にバッキング・ラインまで引き出された。頭に血が上っていたが、倒木に巻かれたら最後だと思い、ドラッグを締める判断はできた。オレンジ色のバッキングラインが10ヤード出たところでニジマスは一旦止まった。しめた、と思ってリールを巻きにかかると、再びダッシュ。約5ヤード走られたところでラインが弛んだ。3Xリーダー先端のブラッドノットが引き千切られ、4Xのティペットが失われていた。

こういうときの胸の内をなんと表現すればいいのだろう。深い失望と自身への叱咤激励が交錯する。

後悔と反省と執着が渦巻き、平常心はそれにまったく拮抗することができない。失敗体験は心に深い傷として残る。こういう無数の傷がなければ、おそらく釣りという遊びをこんなに長く続けることはなかっただろう。釣りをしている限り心は傷を負い続け、それをわずかでも癒したくてぼくはまた釣りを続ける。納得のいく釣果を得ることができたときは、なんというホルモンが分泌されるのかはわからないが自己陶酔し、それまでの傷はすべて癒えたような錯覚に陥るが長続きはしない。陶酔を求めて傷つき、傷を癒すために陶酔を求める。その繰り返しだ。わかっていても、そのサイクルから抜け出すことができない。

「今日はほんとうに魚が見えないなぁ。ここまで見えない日は初めてかもしれない」

木村さんがつぶやいた。釣り場に精通している木村さんにそう言われてしまえば、ぼくは白旗を揚げるしかない。

「どうしたらいいかなぁ…」

ぼくらはてんでにそんな言葉を口にしながら130Rにとどまり、半ば惰性でロッドを振っていた。忘れた頃に、40センチクラスのニジマスがライズした。けれども、誰も真剣にそれを釣ろうとはしていなかった。

「水は少ないよね…明らかに去年よりも。この状況は、渇水なんだよね?」

「そうですね、水は少ないです」

ぼくの問いかけに、ヨッちゃんが答えた。

「去年は大雨が降って、水が多かったじゃない…。だから去年やってよかったポイントは、むしろ今はダメなんじゃないかな?」

「そういえば一昨年は違うとこ入ったね。クロイシさんが釣ったのは、あそこだったよね、あの沢が入ってるところ」

「そうそう、流入点の直下で、ヨッちゃんがあそこにいるはずだからって言った、ほんとうにそのピンポイントで釣れたんだ」

「そうかぁ、夏の渇水だから…冷たい沢水が入ってるところはいいかもしれないね」

「たしかにねぇ。ニジマス釣ってて、沢の流入点がよかったことって多いな」

ぼくらの会話を聞いていた木村さんも同意してくれた。

夏の沢水は、どれほどチョロチョロの細い流れでも馬鹿にできない。関東や東北のキャッチ&リリース区間でも、小沢の流入直下の流れに大型が付いていたり、ニジマスが何匹も集まっていた経験がある。

木村さんは、魚が動くという。フライフィッシングをずっと続けてきたおかげで、どこへ、どうして移動するのか、想像がつくようになったという。釣りを続けていれば少しずつ、魚の気持ちがわかるようになるそうだ。

北海道のフライフィッシャーマンの多くが、木村さんと似たようなことを言う。例えばプールの深みにいる魚が、餌がたくさん流下しはじめると流入部に入ってくるというような小移動は日常的なもので、これにはあてはまらない。考えるに北海道の人たちは日々広範囲の野生魚を相手にしているから、魚の動きを察知する感覚が育ちやすいのではないだろうか。どこであれ、秋が近くなればイワナは産卵のために移動をはじめるが、そういうことは定期的にイワナ釣りに通っていないと実感できない。首都圏などに多い、あちこちの釣り場に出かけ、それが堰堤に分断されており、しかも養殖魚を

相手にする機会も多い釣り人は、おそらくこういうことを感じにくいだろう。野生ニジマスが動くにはそれなりの理由があって、私が知っている理由は、餌と水温、水量、主に遡上魚である他魚種との競合である。経験でも勘でもいいが、現状を読み解いて狙いをつける場所の大場所の目星をつけられるようでないと、北海道の大場所では釣りにならない。

「うーん、そうかぁ…どうするかなぁ」

ヨッちゃんがしきりに悩んでいる。どうやら複数の選択肢があるようだ。

「そうだ、やっぱりあそこにしよう。デカいの期待するならあそこが一番だから」

ヨッちゃんはそう言うなり、出していたラインをリールに巻き取りはじめた。ぼくらは来たときの三倍の汗をかいて谷を上り、クルマへ戻った。

「この古い橋の脇から川へ降りられますから。

すこし歩きますよ」

そこにはいまにも崩れ落ちそうな古い橋が架かっていて、ぼくはヨッちゃんの指示通り、橋の脇にあるすこし滑る急斜面を降りて川原に出た。なにしろ右も左も分からないぼくは、彼らに金魚のフンのようについていくしかない。しばらく川原を歩いてから、広い瀬を対岸に渡渉した。渇水で流れに勢いはないが、底石は大きく、すこし滑りやすい。深いところは股まであり、ぼくはウェーディング・スタッフを携帯しなかったことを後悔した。

再び川岸を進んだ。川原があればいいが、流れが迫っているところはヤナギの林に入る。踏み跡らしきものはなく、大きな石が凸凹に敷き詰められた上に曲がりくねった枝が入り組み、歩きにくいことこの上ない。そこを突破すると、広大なプールの端に出た。プールの中央に大きな岩があり、その脇に沢が流れ込んでいた。近寄っていくと大岩は縦長で、川幅の1／3くらいのところに位置している。岩までは浅く、水の中を歩いていけば乗り移ることができる。惜しむらくは、流入してくる沢水が混ざる区間が大岩の下流になるところである。

「このプールに入ってくる流れがここまで来ると、この岩の向こう側を舐めるようになるんですよ。水深もあるし、条件は揃ってます。だから、やる気のある大物がよく付いてるんです。やってください」

ヨッちゃんに言われるままに、ぼくは岩に乗り移った。静かに、注意を払って移動した。130Rよりずっと下流へ来たせいか、水にはかすかに色が付いている。濁っているとまでは言えないが、水深がある場所の底石はクリアには見えない。もしかすると上流のどこか、あるいは流入してくる支流で小さな工事でもしているのかもしれない。

ぼくは岩の上に立ち、そっと水中を覗いた。岩の側面は垂直に近い壁になっていて、水中に節理のような水平方向の小さな段差があった。それを避けて、さらにニンフを沈め、底近くを流すのは容易に感じた。まずは竿下を釣るので、そのままショットを噛ましてアウトリガーで狙うか、後々広く探るためにインジケーターをつけるか迷った。結局早く釣りたい気持ちが勝ってアウトリガーで狙うことにした。3Xのティペットにニンフの自信鉤を結んで、もう一度足元に目をやると、大きな魚の黒い背中が、ぼんやりと浮かんで消えたような気がした。頭の形や、尾ビレが見えたわけではない。ただ背中らしき影が数秒見えたような気がしたのだが、その色ははっきりと黒かった。印象としてはコイの背中である。ニジマスならもう少しオリーブがかっているだろう。いや待てよ、ニジマスかもしれないぞ、とぼくは自分に注意を促した。ニジマスだと思って釣ろう、と気を引き締めたが、どうせコイだよと囁く自分もいて、半信半疑の状態を解消することはできなかった。

一投目。上流へ投げたニンフを沈めながら大岩の側面へ導き、足元までに十分沈めるつもりだったが、コースが岩から少し離れたのが気に入らず、魚に見つけられる前にピックアップした。二投目は大岩すれすれのコースへ導こうとして、側面のわずか10センチ幅の段差にニンフが乗ってしまい、やり直した。三投目はちょうど中間にフライが入り、足元までうまく流れてきた。深さも十分だ。リーダーの変化に集中する。しかしなにも起こらない。

そこでほとんど無意識に、フライに動きを与えはじめてしまった。頭の隅の方に微かに、コイなら誘っても食わないだろうという思いが湧いた。小さく動かしながらニンフを上昇させる。フライの所在は確認できなかったが、もう底からはだいぶ離れただろうと気を緩めたとき、黒い背中が浮いてきた。やっぱりあの影は魚だったのだ。背中は見る見る大きくなっていく。ニンフを追っている、とわかったら、もうロッドティップを止めることはできなかった。頭が見えた。黒い、巨大なニジマスだった。水面下30センチくらいのところで、斜め上を向いた姿勢で、なにかを捕食したように口を開いた。うわっ、と声にならない声を上げてロッドを煽ったが、ニンフが空中に跳ね上げられただけで、ニジマスは再び水底に沈み、うっすらとついた水色に姿を溶かしてしまった。

「うわぁ〜、すっぽ抜けたぁ」

思わず大声を発してしまう。沢水が混じる下流のポイントに入ろうとしていたヨッちゃんと木村さんが振り向いた。

「デカかったぁ〜」

ぼくは興奮を抑えきれなかった。続く状況解説を聞き終えてヨッちゃんは、誘いをかけないで何度か流していたらしっかりくわえたんじゃないかと言った。後悔先に立たずである。

「黒く見えたとしたら、その魚はオスですよ。色が濃くて鼻が尖った、写真映えがするような魚だったんじゃないですか」

ヨッちゃんは、わかっていて悔しさを増すようなことを言う。ぼくの気持ちを煽っているのである。

「次は釣ってやる」

ぼくは、ヨッちゃんのからかうような眼差しを遮るために強く宣言したが、もちろん自信はない。考えるに、ロッドにはなんの感触も伝わってこなかったから、ニジマスの口にフックはかすりもしなかったのだろう。条件は悪くなったが、まだあきらめるのは早い。ぼくは自戒の意味も込めて、インジケーターを取り付けることにした。ほかにもいくつか付き場になりそうな岩が沈んでいるのが見えるので、足元がだめでも広く探る必要があったのだ。

仕掛けを直しながら様子を伺うと、下流に入ったヨッちゃんの顔にも木村さんの顔にも、さきほどより生気が漲っている。今日は偵察ばかりで、釣りらしい釣りができなかったのだから、大きな魚の反応に勇気づけられたのだろう。そしてすぐに木村さんが魚を掛けた。そこそこの大きさだったが、残念ながら途中でフックが外れた。岩に巻かれてしまったのだという。続いて一番下流に入ったヨッちゃんもニジマスを掛け、これは無事取り込んだ。大きさを尋ねると、45センチくらい、という声が返ってきた。

ぼくも俄然やる気が出てきた。先ほどのニジマスが現れたあたりにインジケーターが差し掛かるとドキドキした。けれども、流すたびに緊張感は薄れていった。そして最後には千載一遇のチャンスを逃したことを認めざるを得なかった。こういうときのわだかまった気持ちが、納得できる魚を釣ることでしか中和できないことはわかっている。小さな魚であれば、釣れば釣るほど不快感を増幅することさえある。でも、予想を越えた釣果を得ることも稀にあるから釣りはやめられない。一発逆転狙いが好きなところは父親譲りだ。もっともオヤジは競馬の大穴狙いだったけど。

気を取り直して、足元はもとより、魚が付いていそうなところをくまなく探っていった。沈み岩の前方と側方を丁寧にトレースしたが、そのどこからも、小さな魚信のひとつさえも感じ取れなかった。探る場所がなくなり、ぼくら三人はクルマへ引き返した。木村さんは用事があるので自宅へ引き返し、ぼくとヨッちゃんはイブニングライズを狙いに別の場所へ入ったが、いいライズは起こらなかった。そこで帰宅するヨッちゃんと別れ、ぼくはもう一晩泊めてもらう予定の木村さん宅へ戻った。

翌日は、未明から雨が降りはじめた。午前七時半に朝食をいただいていると、雨粒が屋根を叩く音が急に大きくなり、短時間土砂降りになった。それからは止み間が長くなり、雨雲が断続的に通過していくようになった。天気予報によれば、今後の天候は大きく崩れることはなく、時間はかかるが今日中に回復するというものだった。

朝食を終えてから支度を整えて、ぼくはクルマに乗り込んだ。雨粒は落ちてこなかった。このまま上がるのかと思ったが、それは長い止み間だったようだ。向かう先は、昨日黒い、巨大なニジマスが見えたあの大岩のあるポイントと決めていた。雨が状況を変えていることはまちがいないはずである。大増水や強い濁りといった凶ではなく、雨が吉となっていることを願うしかなかった。念のため、雨が降ったときの逃げ場も木村さんに教えてもらった。

古い橋の近くまでやってきたとき、また雨が降りだした。カッパを着るのは嫌だなと思ったが、すぐにもうひとりの自分に、そんな小さなこととでっかいニジマスとどっちが大事なんだよと諭された。滑りやすかった土の斜面は濡れていて、さらに滑りやすくなっていたが、無事に川原に降り立つことができた。目覚めてからずっと気になっていた水況は、想像以上によかった。ほんのわずかな水位の上昇と、昨日見た水色もほんの少しだけ濃くなっただけで、むしろ釣りには好適な条件が揃っている。濁流を心配していたぼくは胸をなでおろした。

昨日流れを渡った瀬も見た目に大きな変化はなかった。ぼくは念のために折りたたみ式のウェーディング・スタッフを携行していたので、むしろ昨日よりも楽に渡渉することができた。慌てる必要はないのに、なにかに追い立てられるように強引に藪を漕ぎ、例のプールに出た。ひとまず大岩の上に立とうと目指してすぐに、流入している沢水が泥濁りになっていることに気がついた。大岩の下流側に濁り水との境界がはっきりと見え、それは次第に混ざりあいながら流れ下っていた。昨日木村さんとヨッちゃんが釣っていたポイントも今日は釣ろうと思っていたのだが、濁りが酷くあきらめなけ

ればならなかった。
濁り水の上流側の底石を確認しながら大岩に渡った。リーダー・システムを調整しようとしたとき、雨が本降りになった。わずかに増した水色と、水面を打つ雨粒のせいで、上から覗き込んでも今日は魚の背中の影など見えない。向こうからも悟られにくいだろう。どうせインジケーターを使ったニンフの釣りなのだから、むしろ好都合である。
ぼくはティペットを入れるポケットを開いて2Xのスプールを探した。なかなか見つからないのですべて取り出して確認すると、1X、3X、4Xのスプールは出てきたが、買ったばかりの2Xだけが見つからなかった。どこかで落としたようだ。今日のこの水況なら2Xがベストとぼくは判断していた。もし昨日のニジマスが掛かるとすれば、4Xでは持たない。これまで50センチ台前半なら何度か4Xでも取り込めたが、それでもティペットはザラザラになっていた。もし障害物がないのなら、4Xでももっと大物が釣れるだろう。けれどもフリーストーンの大渓流で、現実的にそんな条件が整う場所はない。川底に巨岩が累々と横たわっていて、魚がその隙間を縫って走るような場所ではひとたまりもないのだ。さらに倒木がたくさん入っているなら、ちょっと絶望的な状況と言わざるを得ない。それでもチャレンジするのが釣り人であるが、その場合当然細糸は使えない。ティペットの太さは、魚の大きさだけでなく、障害物の状況も勘案して決められるべきものである。このポイントも、大岩がたくさん沈んでいるのは昨日確認している。ひょっとすると、それが巨大なニジマスが残っている理由のひとつなのかもしれない。

雨の中、濡れているベストを脱いで、背中のポケットからリーダー・ウォレットを取り出した。その中に一本だけ、9フィートで2Xのリーダーが見つかった。3Xでもチャレンジはできるはずだ。しかしこの水況なら、どちらでも食うときには食ってくるだろうという自信があった。2Xが使えるのに3Xのティペットを繋ぐのはナンセンスだ。ぼくはリーダーに移動式のインジケーターを通し、先端に直接ニンフの自信鉤を結んだ。結び終わったら、もう心拍数が上昇しはじめた。昨日と同様に足元を狙う。一投目は岩からすこし離れたが、あえてそのまま続行した。インジケーターが足元を通過し、2メートル下流までそのままに流したが、変化はなにもなかった。二投目も三投目も同じだった。あきらめきれずに何度流しただろう。一度インジケーターを移動して、ニンフが流れる深さを変えたが、結果は変わらなかった。

弱音を吐くかわりにため息が出た。いつのまにか雨が上がっていた。今日がダメならダメでもいい。でも、あとからああしておけばよかったと気づいて後悔することだけはないようにしよう。まだ上流側と下流半分は、水中の岩の頭が見えている。そこはトレースしておかなければと思って下流から釣りはじめたのだが、沢から入る濁り水との境目が気になった。ちょうどそのあたりまで、自分が乗っている大岩の、流れに削られた側面がスリット状に水中に伸びているはずである。ぼくは下流にできた濁りの境界に向けてインジケーターを送り込んでいった。5ヤードほど投げて、そこからさらに同じくらいのラインを送り、ニンフが濁りとの境界に近づいた頃合いだった。一定速度で移動していたインジケーターがゆっくりと、流れに逆らうように沈んでいった。

インジケーターに出るアタリを見るのはこの釣行で初めてだった。ぼくはびっくりしたせいで一拍置いた後、慌ててロッドをあおった。しっかりしているはずのバットにまで重さが乗ってきて、ロッドは大きな弧を描いた。魚だと思った。大きいと思った。動くぞ、準備しろ、走るぞと心の中で叫んだ。

しかしその魚はゆっくりと上流へ向かってきた。10ヤード先から近づいてくるのでラインが弛む。ぼくはテンションを保つためにラインをストリップした。わずかに、そのニジマスがスピードを上げたとき、リトリーブが追いつかずにテンションが緩みかけた。ぼくはすこし慌ててラインの回収を早めたのだが、それが刺激になったのかニジマスは突然上流対岸に向かってダッシュした。瞬間、ロッドは復元し、ラインが弛んだ。慌てて弛んだラインをリトリーブすると、次になぎ倒されるようにロッドが撓る瞬間がやってきた。とっさにラインを握った左手を緩めた。足元に垂らしたラインが見る見る繰り出されてしまい、リールが逆回転をはじめる。2X用に調整してあったドラッグのせいで、再びロッドが大きく撓った。水中に、下流側に大きく弧を描いていたラインが上流に向かって直線状に伸びていく。

ニジマスは、強めに調整されたブレーキのおかげでそこからは10ヤードも走れなかった。ただしそれを受け止めるロッドはバットから曲がっている。ぼくは2Xティペットの強さを実感していた。これならイケそうだと思ったとき、止まったラインが持ち上がり、ニジマスが跳ねた。大きな水飛沫に

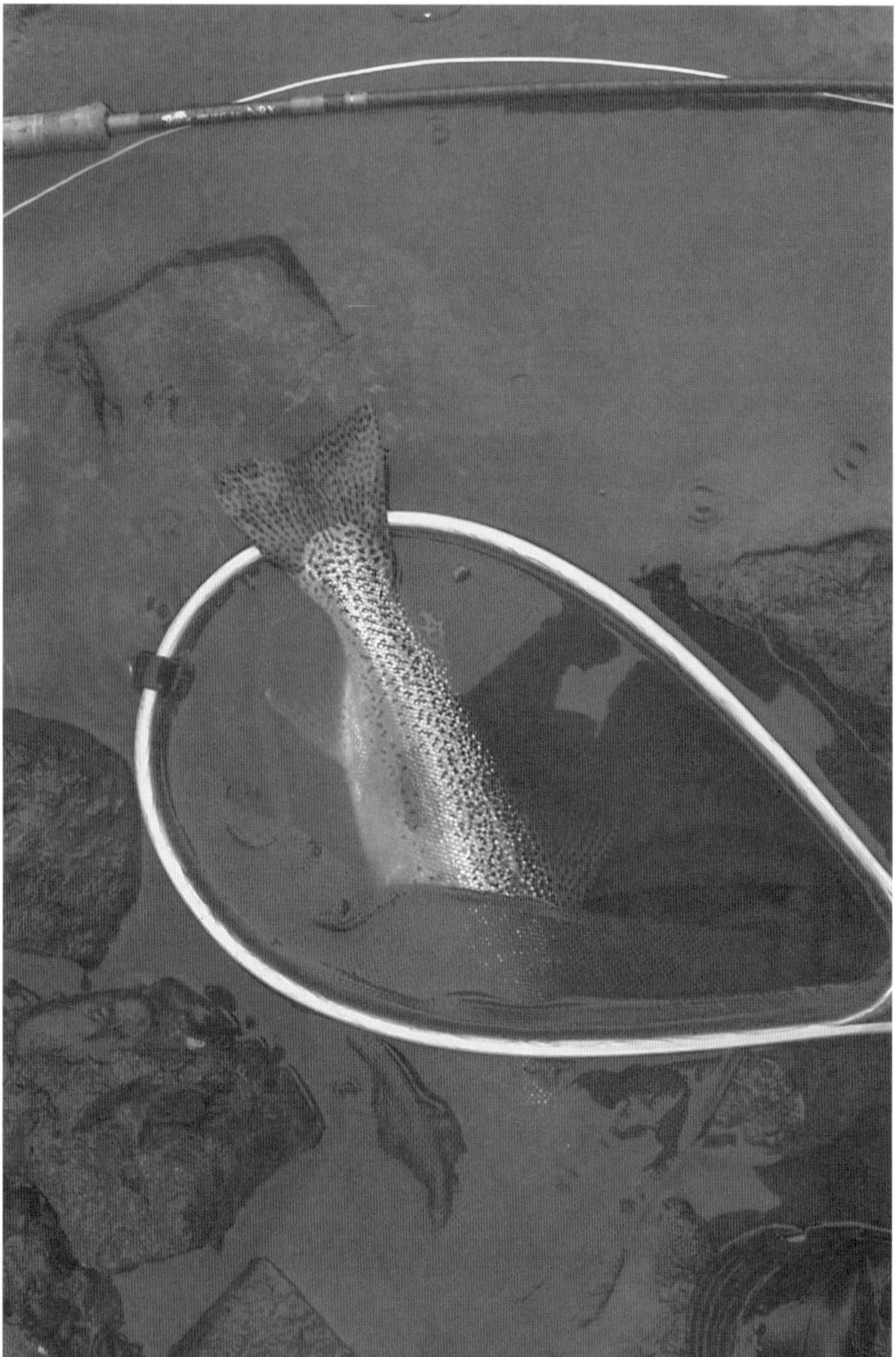

驚くが、なにもできない。ラインのテンションを保つだけで精一杯である。バーブレスフックしか使わなくなってから人には、掛かり所の問題だし、外れたら外れたでそれは時の運だよと粋がっていたのだが、いざそのときになればニジマスに跳ばれるたびに肝を冷やし、外れないでくれと神頼みである。

ニジマスは四回跳んだ。跳ぶたびに疲れていくのがわかった。いよいよこれはイケそうだと感じられるようになったが、ぼくが冷静になれたのにはもうひとつ、掛かっているのは昨日のニジマスではないことがわかったからという理由もあった。どう贔屓目に見ても小さかった。ぼくは大岩から降りて、岸との間の緩い流れにそのニジマスを寄せた。大きさなりの、ネットから逃れようとする抵抗が何度かあったが、ニジマスは無事ネットに収まった。

「よ〜し！」

その瞬間、思わず大きな声を発していた。声は、濡れそぼった谷を覆う森に吸収された。すっかり静かになり、エラを動かすだけになった♀ニジマスは、美しく、風格も感じられる。ぼくは、もう十分に満足していた。手尺を当ててみた。50センチ台前半というところである。であるならば、昨日見た黒いニジマスはいったい何センチあったのだろうか。

カメラを取り出して魚の撮影をしていると、また雨が降りだした。ぼくには天気が回復傾向にあるという印象が強く残っていて、止み間が来るたびにそのまま上がるのだろうと期待していた。けれども、依然として雲行きは怪しかった。カメラを片付け、ニジマスをリリースしてから、さてどうしたものかと考えた。クルマに戻って雨宿りすることも考えたが、使いやすさ優先でカッパの上に着たベストはずぶ濡れになっている。こんな状態では、あまり中断待機の意味はない。釣りを切り上げねばならない状態になるまでは続けて、天気が好転する方に期待しよう。心を決めて、なんとはなしに上流側の様子を眺めていたときのことだった。

プールの流入部には左右に大きな岩があって流れを狭めているのだが、左岸側の岩は水中に没していて、挟まった流木だけが水面に出ており、右岸側の岩は丸い大きな頭を出している。その丸い岩のすぐ脇、まさに絞られて速度を増した流れの真ん中にライズ・リングが広がった。それはあきらかに大きな魚が作るリングにちがいなかった。どう見ても50センチは下らないだろう。この流速に、大きなニジマスがいるのはちょっとした驚きである。大物ニジマスは、ふつうならもっと深くて安全な、省エネで定位できる緩い流れにいるものだ。それが流速のある流れに移動して来たということは、積極的に餌を捕っていることを意味する。チャンスなのである。

やっぱり釣りは時合なんだよなぁ、と独りごちた。1~2センチ水嵩が増したようだ。依然として泥濁りではないが、水色が少し濃くなっている。水中を流れる餌が増えたのはまちがいないだろう。ぼくはすぐにリーダーを点検した。先端部を重点的に指で探ったが、ささくれ立った部分はまったく見つからなかった。太いティペットで強めのやり取りができたことが幸いしたようだ。念のためニンフを結び直して、ぼくはすぐに上流に向けて歩き出した。

ライズ・リングが広がったのは一度きりで、注意していたのだが、近づいて行くまでに二度目のライズは起こらなかった。それでもぼくは、そこに魚が留まっていることを確信していた。さきほどのライズ・リングは、たまたま水面近くに餌を見つけて捕食した際に作られただけで、依然として水面下ではニジマスが積極的に餌を探し、捕食しているにちがいない。

側方からのアプローチはできない。問題は、上下どちらから釣るかだった。上流から釣って下流に走られた場合、狭められた早い流れに逆らって岩と流木の間を引き寄せるのは至難のはずである。それならば、下流から釣って上流へ走るのを止める方が可能性があるだろう。いずれにせよ、魚が大きければ簡単ではないが、困難に挑戦してこそのスポーツである。

下流から静かに、しかしできるだけ接近しようと思っていたのだが、増水時に反転流が削るらしく、底の砂地は急に深くなっていた。ギリギリまで入ったが、流芯には1メートルも近寄れなかった。プールの流入部は、上流にある瀬の後端でもあるから、水深はそれほどない。水面にリングを作ったくらいだから、ニジマスは水面近くにも注意を向けているはずである。ぼくはニンフが沈みすぎないようにインジケーターを移動させた。コンパクトになったそれらを、ぼくはロールキャストで送っていった。後方はヤナギが密生しているので、ほかに方法はなかった。送り届けるための距離に問題はなかったが、岩と流木の両障害物が空間を圧縮していて、角度がつけられない。接触ギリギリで投じても、インジケーターが着水するのは、まさにさきほどのライズ・リングができたあたりである。三回流してなにも起こらなかった。これでは後方を流れすぎるだけで、当のニジマスは気づかないのではないか？　やはり上流へ回り込んだ方がいいのではないか？

四投目は、思い悩みながらの惰性半分だった。着水してすぐ、丸い岩の頭の下流1メートルくらいに差し掛かったとき、インジケーターが流れに逆らって沈んだ。ロッドを立てると、今度もバットから大きく曲がった。やっぱりな、と思った。まちがいなくリングを作った魚である。そいつは一瞬のためらいの後、対岸下流に向かって走った。余分なラインはなく、最初からリールが逆転した。ドラッグ調整は先ほどのままだ。魚が走る方向もいい。これは運が向いてきた。心に余裕があった。バッキングラインが見える前にそのニジマスも止まった。しめしめと思いながらリールを巻いて引き寄せに

かかる。けれどもバットは更に大きく曲がり、寄ってこない。そのときになって初めて、掛かっているニジマスがさきほどのより大きいことに気がついた。そこから今度は上流へ走る。岩や流木に巻かれたら強制終了になるので、ぼくは2Xのリーダーを信じて、ドラッグを締めた。ニジマスは止まった。水流の力を借りて引き寄せにかかると、一瞬水面下で反転した魚体の輝きが目に入った。さっきリリースしたニジマスよりふた回りは大きい。

何度走られたことだろう。結局バッキングラインを引き出されることはなかったが、巨体が三度水面で水飛沫をあげ、心臓が凍りつきそうになった。けれどもジャンプの瞬間を除けば、ぼくはわりと落ち着いていられたと思う。一度の予行演習の効果がこれほどとは思わなかった。2Xリーダーの強度も精神安定に寄与していたはずである。これは取り込めると自信を持てるところまで寄ってきた。体長は60センチ前後ありそうだった。途中何度か、昨日目撃した黒いニジマスが掛かったのだろうかとかと考えたが、寄ってきた魚体を見て違うことがわかった。パッと見たときの印象は銀色だが、背中はオリーブ色をしたメスだった。

背中のランディングネットを取り外し、構えてからも何度も走った。ラインを引きずり出されたときはネットを水面に置いて、取り込み可能な長さまでラインを回収した。一度ネットをすり抜けられ、もう一度引き戻し、いよいよネットインというときにニジマスは二、三度首を振り、フックが外れた。とっさにネットを深く突っ込んだが、水中で自由になったニジマスはネットのフレームにコツンという感触を残しただけで、ゆっくり深みに泳ぎ去って行った。

茫然自失となった。フックが外れてニジマスに逃げられた。ぼくはただそのことを真っ先に受け入れようとしていたのだが、デカかった、デカかったよ、うわぁデカかったよという意識が横から割り込んで来てなにも考えられなくなった。取り込み直前に粘られて、ロッドを持ちこたえていた右手が震えていた。その様子を見ながら、自分の右手をこんなことにして逃げ去ったニジマスが癪に障った。でもそれ以上に、ニジマスの最後の抵抗を右手が受け止めている最中、呑気にどこで写真を撮ろうかと考えていた自分に腹が立ってしかたがなかった。腹が立つのは、ようやく正気を取り戻し、悔しさがこみ上げてきた証拠だった。

そのとき、目の前に流れてきた小枝を見て我に返った。胸騒ぎがした。増水時に枯葉や枝などがたくさん流れてくるのが鉄砲水の前触れであることを思い出したのである。そういえば、目の前の丸い岩の横を通過する流芯の流れは、あきらかに昨日よりも早くなっている。雨は結局、未明から断続的に降り続いているし、ここで降っていなくても、上流のどこかで降水量が増えれば急に水嵩が増す可能性もある。なにより、現段階のこの川が増水傾向にあることはまちがいない。ここで増水が止まる根拠はどこにもなかった。自分のクルマが停まっている側で、つまり対岸で釣っているならいいが、流れを渡らなければ戻れない。

ぼくは来るとき渡った瀬まで引き返した。朝はまだ見えていた瀬の底が見えなくなっていた。ずっと深いプールにいたので感じにくかったようだが、水色は少し濃くなった程度ではなく、あきらかに濁りはじめていた。ぼくはウェーディング・スタッフを組み立てて、うろ覚えだが今朝渡渉したと思われるラインを逆に辿ってみた。途中に流れが強く深いところがあり、引き返した。今日は一人なので、流されたときのことを考えると慎重にならざるを得なかった。

渡れなかったらどうするべきかを考えた。最初に古い橋を渡ることを思いついた。けれども、それは川を渡る以上に恐いような気がした。この川の両側に道があることはわかっている。ひたすら藪を漕いで道に出れば、大きく迂回するので時間はかかるがクルマまで戻ることはできる。それなら、上流にある集落方向へできるだけ川沿いに歩いて進むのもいいかもしれない。別の橋を見つけて近くに登れそうな斜面を見つければいい。いや待てよ、携帯電話は通じないのかと思ってスマホの画面を確認したら、ちゃんとアンテナが立っていた。これなら木村さんに電話して相談ができる。そう思ったら急に落ち着いてきた。

こういうときに、冷静になることがどれだけ大切か、ぼくは身に沁みて理解した。瀬全体を見渡して上流にもう一ヶ所渡れそうなルートがあることに気がついたのである。底石が大きめだったので慎重に、スタッフで底の状態や深さを確認しながら前進した。膝上の深さの早い流れに入って、ここまでが限界かと思ったが、その先を探ったスタッフが進行可能な水深であることを教えてくれた。スタッフが知らせてくる深さは変わらなかったが、強い流れさえ横切れば対岸はすぐ目の前だった。

クルマに戻って、リアハッチを開けて釣り道具を放り込んだ。エンジンをかけ、エアコンを効かせた。蒸れたシャツが汗臭かったので、後部座席まで身を乗り出して着替えのシャツを見つけ、着替えた。それから昼飯用に買ったパンを食べ、ペットボトルの紅茶を飲んだ。食べ終わってからもしばらく、音楽を聴きながらフロントガラスに落ちる雨粒を眺めていた。強い降りではないが、雨は一向に止む気配がなかった。人心地ついたので、川の水位を見に行くことにした。

クルマを走らせ、下流にある堰堤が見えるところまで移動した。取水のための堰堤で、昨日まで見えていた取水口は隠れ、濁った流れは堰を越え、オーバーフローしていた。ぼくがクルマに戻ってパンを食べたり、音楽を聴いている間にも水位は上がっていた。いやむしろ、ぼくが流れを渡ってから急に水嵩が増したのだ。あのとき気がつかなければ、やはり面倒なことになっていただろう。増水の不安と緊張、切り抜けた安堵感のせいだろうか。最後のニジマスを逃した悔しさも、いつのまにか帳消しになってしまった。この川で60センチのニジマスを釣る課題は、またもや持ち越しになった。小学生の頃の宿題にいい思い出はないが、釣りの宿題は歓迎である。むしろたくさんの宿題を抱えているときの方が幸福なのを、ぼくは知っているからだ。

初出：二〇一八年十月発行「フライロッダーズ」秋冬号

四日目の川

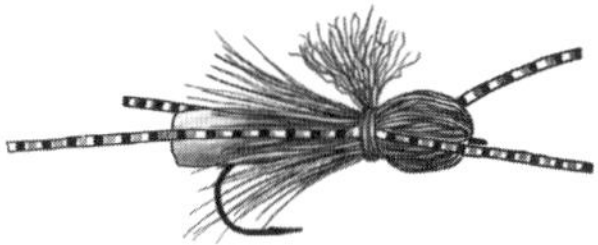

K川は憧れの川として、ずっと長くぼくの心の中を流れてきた。そのあたりを語るには、かつて編まれた『ザ・フライフィッシング』（アテネ書房）という傑出したアンソロジーについて触れておく必要がある。刊行は一九八〇年、ぼくがフライフィッシングを始めてから六年目のことである。ひょっとするとフライフィッシングに対する探究心を生涯で最高に燃やしていた時期かもしれない。まだフライフィッシングに関する出版物は少なく、漏らさず買い集めることができていた。

『ザ・フライフィッシング』には素晴らしいライター諸氏が集っていて、現在では名を知られている方も多数含まれている。けれどもぼくが一番に心を打たれたのは、多田康之さんという北海道在住のフライフィッシャーマンが書かれた文章である。「一年の川」というタイトルで、春の気配を感じられるようになる三月から晩秋の十月まで、K川のフライフィッシングと、流れを取り巻く自然環境の移り変わりについて書かれている。当時、これほど長くひとつの釣り場を眺め続けた文章を読んだ記憶はなく、文中に登場する数多くの植物や昆虫の名前にぼくは圧倒された。いつかは自分もこんな文章が書けるようになりたいと思ったものだ。

文中には次のような一節がある。

「できれば熱心で、しかも忍耐強い自然愛好者であることが望ましい。気長にあせらずに自然とつき合うことができるならば、釣りという行為を通して新しい世界が無限に広がっていくと思うからである」

多田さんの文章は、いつも遠い北国への憧れをかきたてた。まだよくわからないけれども、とても楽しそうな西洋の釣り文化をこれから読み解いていくのだというワクワクした気持ちとそれはあいまって、胸がはちきれそうなほどにいつもぼくの期待を膨らませたのだった。

一九八〇年は、この国の一般市民にフライフィッシングが普及しはじめてからまだ十年とたっていない。多田さんは、フライフィッシングに出会う以前から昆虫や植物についての知識を蓄えられていたのではないだろうか。水生昆虫の種と英語の俗称やフライパターンを結びつける知識、全編に散りばめられた専門用語にはフライフィッシングへの強い情熱が感じられる。

ぼくがフライフィッシングを一生の趣味にしようと心に誓ったのはこれより四年前、一九七六年七月に日高山脈の渓流を釣ったときのことである。心を揺さぶられる感動的体験をしたのだから、十八歳と九ヶ月のぼくが、それ以来北海道が大好きになったのは自然の成り行きだった。

けれどもどうしたことだろう。一九八〇年以降も北海道には何度か釣りに出かけていたのに、憧れのK川を訪ねる機会は巡ってこなかった。北海道にはすばらしい釣り場がたくさんあり、また本州にはない風景に心を惹かれたのも一因だった。ロッドを携えて各地をさまよいながら、それでもK川を忘れたことはなかった。いつか必ずK川を訪ねて「K川は多くの湧き水を内蔵し、安定した水量と水温が、豊富な水生昆虫とみごとなトラウトたちを育てている。この美しいドライ・フライの川…」と多田さんが表現した渓相を実際にこの目で確かめて、湧水の流れにドライフライを浮かべるのだと心に誓っていた。

ぼくは釣りばかりしていた学生時代になんとか卒業という形でピリオドを打ち、祖父の代から続く自営業を引き継いだ。三十二歳で経営者になってからは長期休暇がまったく取れなくなった。それが東日本大震災の年から、事情は割愛するが盛夏に限って長い休みを取れるようになった。

それでもすぐにK川を目指したわけではない。いつのまにか、とんとK川の噂を聞かなくなってしまったからである。三十六年もの時が経過すれば、川の環境が変わって、釣り場としての魅力が薄れてしまうこともある。その名前が頭に浮かばなかったのは、幻滅を恐れ、抑圧していたせいかもしれない。K川が、多田さんの描写したそのままに、いつまでも心の中に流れていることの方を選んでいたのかもしれない。そんなことで数年の回り道をした。ちょうどその頃、函館在住のヨッちゃんと知り合い、ある川の釣りに誘ってもらったことで機会が巡ってきた。K川はそこからほどないところを流れていたのである。

事情があって、このときは三泊四日の釣行だった。だからヨッちゃんが、

「これがK川ですよ」

と教えてくれたとき、ぼくはクルマが橋を渡りきる前に慌てて上流方向を眺めた。心臓の鼓動が早くなった。ごく短い時間だが、K川の渓相が目に焼きついた。緩やかな河床勾配特有の蛇行。湧水を集めたとはいえ、小さな川原があり、川底にはいかにも水生昆虫が好みそうな石が敷き詰められていた。流れの中央に突き出した岩の頭は苔生している。すくなくともぼくが見た部分、ぼくの見立てでは、K川の環境に悪い部分など見当たらなかった。むしろ、依然としてすばらしい釣り場なのではないか。

「K川って、昔から名前だけはよく知ってるんだけど、釣りはいまどうなの?」

このあたりの釣り場に詳しいヨッちゃんに、即座に尋ねてみる。

「釣れますよ。いまはニジマスが少なくなっちゃって、ブラウンの川です」

ぼくは少なからず驚いた。北海道にブラウントラウトが釣れる川がいくつかあるという噂は聞いていた。K川はそのひとつだったのだ。

ぼくがショックを受けたのは、ブラウントラウトを嫌っているからではない。ニジマスもブラウン

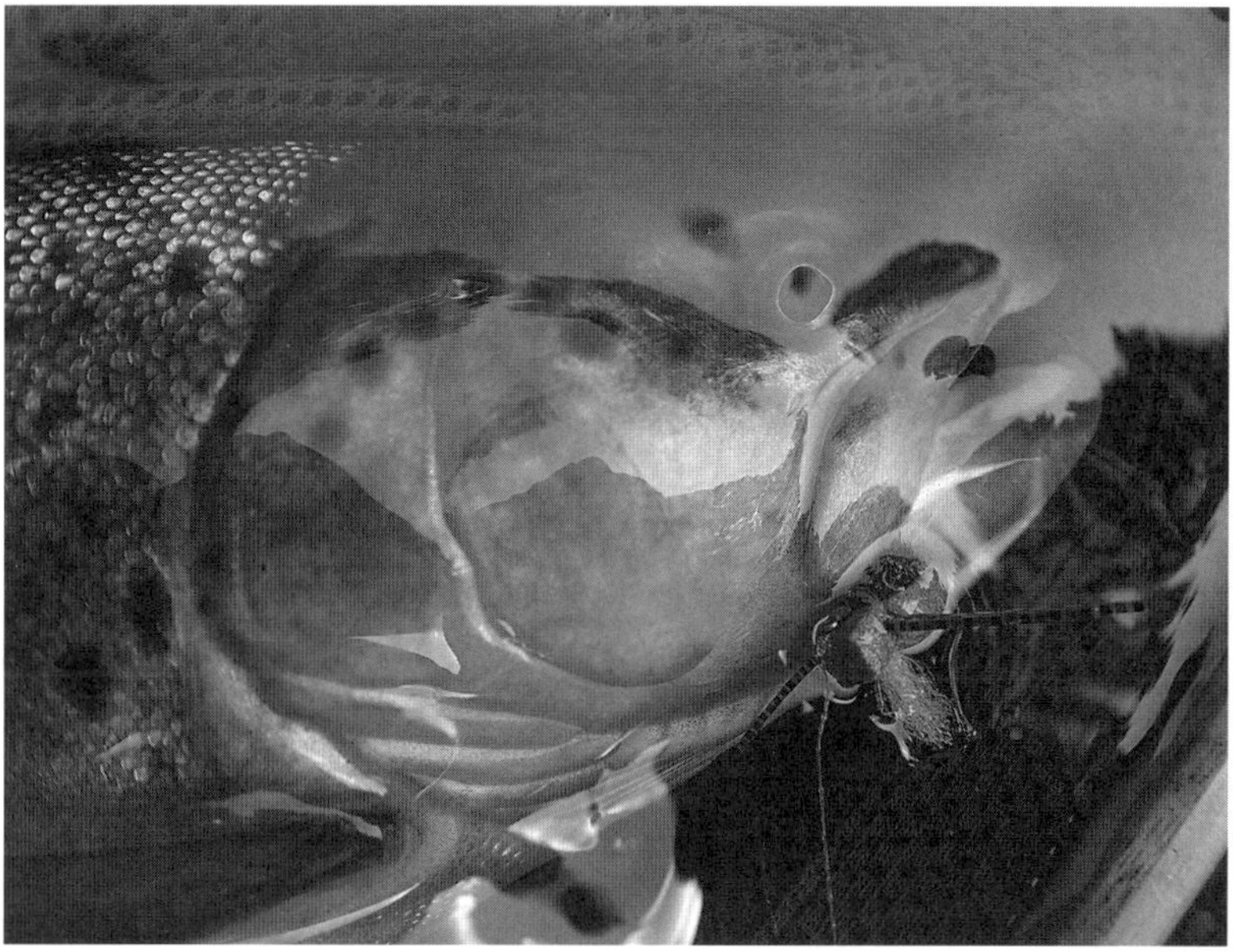

も同じ外来種であるから、一方を持ち上げ、もう一方を貶めようなどという気にはなれない。三十五年の空白が、多田さんの「一年の川」のイメージを歪めてしまったと思いたいのだが、一方でそれに関与したのがぼく自身であるような錯覚が湧いて来てしかたがなかったのだ。何度打ち消しても心に消え残った。

記憶が沈殿したプールの底に手を入れて、ぼくはひとつの断片を拾い上げた。できれば沈めたままにしておきたい三十三年前の記憶だった。ぼくはブラウントラウトの発眼卵放流を手伝ったことがあるのだ。それは失敗に終わった。埋設方法があまりに稚拙だったために、翌週すべての発眼卵がおそらくウグイに食い尽くされたのを確認することになった。それが、K川の現状を他人事とは思えない理由だった。おそらくぼくは、K川にブラウンを定着させた人と、同時期に別の場所で同じことを画策していたということになる。当時の、ブラウントラウトの発眼卵の入手経路を辿れば、おそらく同じ養魚場に行き着くだろう。国内でブラウンの発眼卵を出荷できる養魚場はほとんどなかったと言っていい。北海道のブラウントラウト移植に関する軋轢については以前から聞き及んでいて、自分とは無関係と思っていたから、複雑な心境にならざるを得なかったのである。

当時はまだ、外来魚に関心を持つ人はほとんどいなかった。一番関心があったのは釣り人だろう。もちろん外来生物法もなく、ブラックバスの移植を禁止する漁業調整規則が神奈川県にあっただけだ。漁業権のない地域へ移植することに法律上の問題はなかったはずである。釣り人がニジマスを移植する際に、研究者から魚病の伝染に関する苦言は呈されたが、外来種に関する言及はなかった記憶がある。

結局この年は、ただK川を見たというだけで、ロッドを振ることはなかった。東京へ帰ってから数ヶ月、ぼくは心の中にK川の風景がいつまでも消え残っていることに気がついていた。三十数年たって消えかかる直前だった熾火に、おが屑がくべられたのだ。こういうことは、これまでの釣り人生にも何度かあった。さもないことだと思っていた心象の残像が、次第に大きくなり、ディテールまでもがくっきりと映りはじめる。執着なのか、憧憬なのかはわからないが、それはその釣り場にぼくが取り憑かれた証拠だった。

翌夏、ぼくはK川近くのペンションに三泊の宿泊予約を入れた。足掛け四日あればなんとか釣果もついてくるだろうと、このときは思っていた。K川のブラウントラウトについて抱いている複雑な感情をどう処理すればいいのかについて、ぼくはずっと考えてきたのだが、結論らしい結論は得られなかった。できそうなことは、ひとまず釣ってみることだった。川を歩き、ロッドを振り、どんな餌を食べているのか推理し、なんとか魚を釣り上げて、触れ、眺め、リリースする。釣りをしたことがない人ならば、理解に苦しむ行為なのかもしれない。けれども釣り人にとっては、釣ることこそがその釣り場全体との最短最良のコンタクト手段である。釣らなければ、自分の気持ちを固めることなどできないだろう。

大増水

天気予報は雨だった。ドライブをはじめてすぐに土砂降りになった。災害が心配になるほどの雨で、峠越えは緊張を強いられた。K川はまだ200キロ以上先だった。幸い、K川に大雨警報は発令されていなかったが、増水は避けられないだろう。

K川が近くなって、雨は上がった。気になるのは通過する川の水位である。残念ながらどこも水嵩が増して、濁っている。今日は釣りにならないだろうと覚悟して、K川最下流から二番目の橋に到着したのが午後三時だった。昨年通過した橋のひとつ上の橋である。道端の雑草を刈ったスペースにクルマを停めて、橋まで歩いていく。大きな流れの音は聞こえてこない。しかしこれは、北海道特有の傾斜の緩い渓流だからだろう。欄干の先の流れが目に入ってきたとき、おやっと思った。明らかに増水しているし、濁ってもいる。けれども、これまで見てきた大川の生命の危険を感じるほどの水量と茶色の泥濁りに比べれば、ずっとおとなしい。場所によっては流れの端を歩いていくこともできそうだし、濁りも淡い緑褐色というか、もう少し澄んでくればニンフの釣りにはむしろ好条件なのではな

いかと思わせる。ただ、初めて釣りに入ろうとしている自分は、判断の尺度を持ち合わせていない。ここはひとまず予約したペンションにチェックインして、オーナーのMさんの意見を参考にしようと考えた。

Mさんは、ペンションを開業するずっと前からこの辺りを釣り歩いてきた人である。夕食の準備に忙しそうだったので、ぼくはひとまずこれまでの釣り旅で酷使してきた釣り道具の手入れに時間を費やし、夕食後に意見を求めた。明日川がダメなら湖の釣りにでも挑戦しようかと思っていた。

「湖に行くのもいいけど、K川も釣りになるかもしれないよ。買い物に行った帰りに見てきたんだけど、あれなら上流の方なら、明日になれば釣れるかもしれない」

Mさんは私見を述べてから、明日のプランを提案してくれた。

「朝、ぼくが上流のポイントまで案内するから、ちょっと釣ってみたら。ダメだと思ったらすぐ湖に向かえばいいでしょ」

ぼくはもちろん、案内をお願いすることにした。

一日目

目が覚めて、いつもと違う天井が目に映り、今朝も旅先であることを確認する。ベッドを抜け出してカーテンを開けると、曇り空が広がっていた。雲の隙間から青空が見えるということもなく、かといって厚い雲が垂れ込めているわけでもない。湿度は高めだから、雨に降られることも考えておかなければならない。Mさんの奥さんによれば、本州の梅雨が明けたあとにはっきりしない天気が続くことがあるという。蝦夷梅雨というのだそうだ。

朝食のあと、Mさんのクルマの先導でK川の上流へ向かった。かなり走ってから、砂利道との分岐に制服姿のヘルメットをかぶった警備員が立っているところで一旦停止して、Mさんは言葉を交わした。後について未舗装路の下り坂を行くと、小さな橋が架かっている場所に出た。そこからずっと奥で、なにか土木工事をしているのだろう。それほど頻繁ではないが、ダンプカーが通った。往来の邪魔にならないスペースにクルマを入れるよう指示してから、Mさんは降りてきたぼくに説明してくれた。

この橋から上流へ釣り上るのだという。しばらく行くと二股があるから、それは左へ行くこと。そのあたりからが核心部で、さらに進むと左から沢が合流しているから、その沢を伝って脱渓する。

「ゆっくり釣って半日コースですから」

と言ってからMさんは、

「ちょっとやってダメだったら、見切りをつければいいですよ。ただ、浮かせるだけじゃなくて、沈めたり、いろいろやってみてください。増水していると、意外なところにいることもあるから気をつけて。特にブラウンはそうなんですよ」

そう言い残して去っていった。

いよいよK川を釣る日がやってきた。ぼくは高ぶる気持ちを抑えながら支度を整え、橋のすぐ脇についていた踏み跡を辿って川へ降りた。ウェーディングシューズで流れに踏み込むときに感慨が湧いた。けれども、水嵩を増した流れは、感慨に浸る余裕を与えてはくれなかった。平均すれば膝下くらいの水深だが、見た目以上に流れに勢いがある。もともと北海道特有の河原の少ない川の水が増えているので、流れの中をずっと歩いていく。

水にはかすかに色がついている状態で、ぼくにはニンフに絶好の水色と感じられた。K川には大きな取水堰や発電施設がない。上流部には畑などの直接土が流れ込む露地が少なく、周辺の森には保水能力があるのだろう。そのため増水がマイルドで、濁りにくいのだ。

しばらくは瀬でもなくプールでもないような流れが続いた。北海道でも山奥の勾配がある土地ならば、関東や中部のそれとなんら変わりない渓流が見られるが、傾斜の緩い土地を流れる川はその造りをもっと縦に引き伸ばした渓相をしているものだ。瀬でも淵でもない、石を敷き詰めた浅く緩い流れは、中央ではなく岸際の深みに魚がついていることが多い。場合によっては、流れの真ん中に立って左右の岸を釣ることもある。

遡行をはじめてすぐは、左岸側に深みがあり、ところどころ倒木も入っていた。ニンフも流しづらそうなので、ティペットにはドライフライを結んでフロータントを施した。雑にならないように気をつけて、二つ目の深みにライツロイヤルが流れはじめてすぐだった。水飛沫が上がり、魚が掛かった。

思わずほくそ笑む。魚は明らかに小さい。けれどもK川の初物だ。魚種を知りたい、顔を見たいと思いながら引き寄せたのだが、流れを横切る途中で外れてしまった。残念だな、せめて魚種を知りたかったな、という気持ちもあったが、なんだ釣れるじゃないか、という安心の方が大きかった。

バラした小魚に勇気づけられて川を上った。パラパラと降る雨が時折やってきた。気温は25℃くらいだろうか。室内なら快適なのかもしれないが、カッパを着て歩くとひどく蒸れた。忘れた頃に小雨が通り過ぎるというのは、カッパを着るかどうかを悩むケースである。ぼくは、できるだけこまめにカッパを脱ぎ着するように心がけて上流を目指した。

それから、ドライフライへの反応はまったく無くなってしまった。川の最初の分岐点を指示通りに左へ進んだところに、はじめてプールらしいプールが現れた。深みの流心の脇に倒木が入っていて、その際などいかにも大物ブラウンが流れてくる陸生昆虫を待っていそうな場所なのだが、ドライフライへの反応はなかった。

ここに一匹もいないはずがないという確信と、今日初めて出会った深みらしい深みに、ドライフライをニンフと取り替えることにする。水が増えたことで、水中を流れる餌は増えているはずだ。ぼくはこういうポイントが現れるのを待っていたのである。

ウーリーバッガーやヘアズイア、カディスケースなど、思いつくパターンはあらかた試してみた。アウトリガー・スタイルでうまく流せないと思ったところは、インジケーターを併用してすべて探ったつもりである。けれども、アタリは感知できなかった。最初にドライフライに魚が掛かっときには、一度迷いが消えた。けれども、ずっとドライフライで釣り上がってきたのにまったく反応がなく、絶好のポイントを見つけ、満を持して使ったニンフがかすりもしないとなると、迷いがさらに深まった。

自信なく釣り上がっていくと、上流からルアーロッドを持って下ってくる若い釣り人に出会った。

「どうでしたか?」

と声をかけられる。

「小さいのをバラしただけです」

「この下のプールにもデカイのいるんですよ。そう思って下ってきたんだけどなぁ」

ぼくに出会ったことが残念なのだろう。

「釣ってみたけど、反応なかったですよ。でもまあ、場所は荒らしてませんから」

そう言って慰めると、やってみます、と言って小雨の谷を足早に下っていった。

そこからすぐ流れがカーブしているところを過ぎると、先ほどよりさらに深いプールがあった。ドライフライから、段階的に深場まで探ったが、ここでも魚信は得られなかった。先へ進むにはヘソくらいの深さの渡渉をしなければならなかった。ここを人が渡ったばかりじゃ釣れるはずもないかと、後の祭りに後から気づいて苦笑した。

小場所がいくつか続いた先にある浅いプールに、右岸から沢が流入していた。ほかに入脱渓点がないようなので、先ほどの釣り人もここから入って来たにちがいない。その影響かどうか、合流点のプールも魚の反応はなかった。でも待てよと、よせばいいのに気づいてしまう。ここから下っていったのなら、上流側は手付かずなのではないか。そう思うと、もう探ってみずにはいられない。またこういうときに限って、すぐ上流で今日二匹目の魚の反応に出会った。ドラッグが掛かりはじめたドライフライの下で魚が反転したのである。釣れている日なら気にもしないことなのだけれど、釣果のないときはそんな些事にも意固地になるものだ。しばらく先まで釣り上がったが、やがて川底までコンクリート・ブロックが敷き詰められた区間になり、これでは小物しか棲めないだろうと、ようやくあきらめがついたのだった。

　Mさんには半日と言われたが、最初のうちは小場所まで丁寧に探り、中盤はニンフとドライを取っ替え引っ換え、最後に予定外の上流のポイントまで釣り上がってしまったので、予想以上に時間がかかった。脱渓してクルマに戻ったのが午後三時。それからどこかイブニングライズでも狙えるポイントがあるかもしれないと、Mさんに教えてもらった増水しても濁りにくい川の上流を二ヶ所偵察に行ったが、大場所はまだ水が多く、川へ降りる踏み跡を見つけられなかったりして、結局この日は早上がりして近くの温泉に立ち寄った。

二日目

　前夜、函館からヨッちゃんが到着。今日一日の釣りに付き合うためにわざわざ来てくれたのだ。それでいて好ポイントは全部、遠くから来たのだからと言って、ぼくに譲ってくれる。ほんとうにありがとうという気持ちでいっぱいになる。さらに、ヨッちゃんは魚屋なので、いつも刺身の盛り合わせまで持って来てくれる。函館沖のスルメイカ、島牧のツブ、噴火湾のホタテ、松前のヒラメ。数時間前の造りたてなので絶品というほかない。前夜は宿のMさん、奥さんといっしょに舌鼓を打った。アルコールも入り、話が弾んだ。すこし飲みすぎたせいか、昨晩の眠りは浅めで、寝覚めもちょっと悪かった。長期釣行の疲れも溜まってきているのかもしれない。いずれにせよ、川に立って歩きはじめ

ればいつもの調子に戻るはずだ。
　ぼくの初日からのこだわりと、さすがに今日は釣れるだろうという思惑が一致して、Mさんが朝イチでK川のポイントを案内してくれることになった。今日はもうすこし下流でも歩けるだろうということで、中流屈指のポイントへ連れて行ってくれた。
　前記したように傾斜が緩んで川の造りが間延びしてくると、ポイントとポイントの距離は離れる傾向になる。つまり長く歩く必要がある。さらにポイントといってもすべてが好条件の整ったポイントとは限らない。ずっと釣り歩いていくのも一つの方法だが、北海道ではいいポイントだけ、あるいはいいポイントがまとまっている区間だけを釣ってからクルマで移動するという方法も選択肢になる。大川になるほど後者しか選択の余地がないのは、本州以西でも本流を釣ったことがある人ならわかるだろう。K川はどちらも選択可能な規模の川である。
　今日の中流のポイントは、20メートルくらいの瀬をはさんで好ポイントが二つ続いている。特に下流側は、長さといい深さといい、かぶった木々や、中央部の岩盤のえぐれなど、非の打ち所のない好ポイントだった。瀬から続く流れ込みには適度に沈み石があり、やる気次第で深みにいる魚がどこに差してきて定位してもいいように配慮されているかのようだ。もちろん核心部は岩盤のえぐれが格好の隠れ家になり、かぶった木からは落下昆虫が供給されるだろう。プールの開きは、むしろブラウントラウトならこちらに定位して餌を待つかもしれない。好みの深さを選べるように、底の緩やかな傾斜が踝くらいまで浅くなり、チャラ瀬へと続いている。

ヨッちゃんはいつものように先に釣れと言ってくれる。ぼくはその言葉に甘えて、ドキドキしながらスティミュレイターを結んだ。今日も、空の大半を雲が覆っている。

(水も落ち着いたし、今日は出ちゃうでしょう。釣れちゃうんだろうな。どんなブラウンなんだろう。巨大なのが出ちゃったらどうしよう)

妄想が止まらない。

小手調べに淵尻からアップ気味に投げたが結果が出なかったので、続いて横に回った。次は縦に長いプールの中央部、被った枝の下を抜き、露出した岩盤の際までフライを届ける。Mさんもヨッちゃんも息を殺してフライの行方を見守っているのがわかる。スティミュレイターに軽くドラッグが掛かって岩盤を離れると、堪えていた二人の吐息が漏れるのがわかった。ぼくも首を傾げてしまう。フライを代えても結果は同じだった。

ひとまず上流側の流れ込みに向かう。水面や水中に餌がたくさん流れている場合、食い気のある鱒はプール上流側の流心に入ることがままある。ニジマスやヤマメはこの傾向が強い。ブラウンがメインターゲットではあるが、まだ集中は切らせない。丁寧にと自分に言い聞かせながら流心にフライを乗せるが、流れは沈黙したままだった。

沈めることにする。フライを実績のあるニンフに結び代えて、80センチくらい離してインジケーターをつけた。それを魚の付いていそうなあたりに送り込みながら釣り下った。変化を見せないままオレンジ色のインジケーターが岩盤際の核心部を通過したとき、これは今日もダメだと思った。例えば午後や、もっと遅い夕マズメの時間に同じことをやっていたなら、結果は変わったのかもしれない。けれども増水後二日目の午前十時にはなにも起こらなかった。書き記すことができる事実はそれだけだ。

上流側にまだポイントが残っている。それをMさんが追い、Mさんをぼくが追う。ヨッちゃんが瀬の小さなスポットを叩きながら上流へ向かっている。それを待っている。みんなロッドを持っているのに、ポイントの前でぼくを待っている。早くも、自分がやっても釣れるような気がしなくなっている。

「いや、オレがやっても釣れるような気がしないからさぁ、ヨッちゃんやってみてよ」

そう提案してみるが、聞き入れてはもらえない。

「なに言ってんですか、遠くから来てるのに。早くやってください」

ここでぼくが釣れば、二人が喜んでくれるのはまちがいない。いや、なにより安心してくれるだろう。でもそれはプレッシャーにもなってくる。こういうとき、ゲストという立ち位置がちょっと辛くなる。

上流のポイントは深さはあるのだが、流量の半分が作るプールなので長さはない。下流側がAAAの格付けだとすると、こちらはせいぜいAかBBBというところである。期待を裏切らないよう、雑にならないように心がけて釣るが、なにも起こらなかった。

ここでMさんは仕事があるので帰ることになり、ぼくとヨッちゃんもいっしょにクルマまで戻った。

増水の影響とはいえ、昨日に加えて今日のスタートでも魚の顔を拝めなかったとなると、やはりすこし自分を信じられなくなってくる。

「大丈夫ですって。いいポイント知ってますから。増水のあとの好条件だから、ほんとうは最初からそっちに行きたかったくらいですよ」

ちょっと元気がないことを察して、ヨッちゃんはとっておきのニジマスのポイントにぼくを案内してくれた。とある釣り場にある時期通いつめ、大物ブラウンを釣りまくった末に辟易して、もう生涯ブラウンは釣らなくてもいいというヨッちゃんは、K川にまったく未練などない様子だった。

ヨッちゃんが連れて行ってくれたポイントは、アプローチがちょっときつく、汗だくになったが、ちゃんとやる気のある魚がいた。いいニジマスをいくつか釣ることができた。

野生のニジマスはものすごいダッシュでリールからラインを引きずり出し、二度三度と高く跳ねた。ニジマスの大きなものは力も強く、簡単には弱らない。突っ走りを何回もいなして、引き寄せてネットに入れるのはそれほど簡単ではないが、うまくいったときには思わずため息が漏れてしまう。

見るとヨッちゃんも笑っている。いや、ほっとしているのかもしれない。現金なもので、朝の弱気も吹き飛んでしまい、さあ次行こう次、ということになるのだが、流れを遡行しながらぼくは、どうして今日のK川には積極的な捕食行動をする魚がいなかったのか、考えずにはいられなかった。思いついた理由は、ニジマスとブラウンという魚種の違いと、釣りをした時間帯の違いだった。

この日、ヨッちゃんはイブニングライズまでたっぷりとぼくにつきあってくれた。いつものように二人で温泉に行って、汗だくになって歩いた一日分の汚れを落とし、お互いにさっぱりした顔になって別れた。一年に一度、一日か二日だけいっしょに釣りをするヨッちゃんのクルマが、温泉の駐車場を出て暗がりに消えていくのをぼくは見送った。

三日目

今朝もMさんが、K川に行ってみますか、と声をかけてくれた。望むところである。今日でペンションをチェックアウトするから、荷物をすべてクルマに積み込んでから出発した。

行きがけにMさんは、湧き水を汲めるところを教えてくれた。空いたペットボトルをゆすいでから満タンにする。その場でも飲んでみる。うまい水である。今日も曇りがちの天気だが、蒸し暑くなりそうだ。５００ミリのペットボトルなら最低三本は必要だからありがたい。

　この日、Mさんは一日目と二日目の中間に位置するポイントを二ヶ所案内してくれた。どちらも大鱒の生息条件が整った一級のポイントだった。いかにもという絶好のポイントであっても、関東の激戦区の渓流では簡単に結果を出せないのがふつうである。連日釣り人に攻め抜かれて、いい魚がそこにいてもフライを流すことができない隠れ場所に潜んでいるか、プレッシャーの果てに思いがけない場所に移動していて、いち早く釣り人がやってきたことを察知してしまう。けれども北海道の場合、意外な場所に移動しているというケースには出会ったことがない。食う食わないは別にして、大場所にふさわしい魚が大場所にいるのである。あとはどうやって釣るかという問題と、万国共通の食いが立つ時合を捕まえられるかどうかだと言っていい。

　結果から言うと、この日のK川も魚のフライへの反応はゼロだった。最後のポイントで、ぼくはわかっていながらMさんに確かめさせてもらった。

「増水したときに移動してしまって、ここに魚が入っていないってことはないですよね？」

「いや、いますよ。必ずいます」

「これで、水量はどうなんですか？　まだちょっと高いんですか？」

「これでほぼ平水。平水の多めっていうかんじですね」

　Mさんとの別れには、ちょっと心が痛んだ。毎日ぼくに付き合ってくださったMさんに対して、感謝と申し訳ない気持ちとが交錯した。Mさんはペンションに戻り、ぼくは昨日ヨッちゃんが教えてくれたポイントへ向かった。昨日の半日だけでは釣りきれなかった区間があったし、ほかにも教えてくれた場所があった。毎日K川を釣るという選択肢だけしかなかったら、ぼくはもうこの時点でK川に嫌気がさしていたかもしれない。ヨッちゃんにも、いくら感謝してもしきれないのだった。

この日の午後もそこそこのニジマスを二匹釣ることができた。ウェーダーを履いてけっこうな距離と高低差を歩いたので汗だくだった。ぼくは早めに釣りを切り上げ、温泉施設に立ち寄った。温泉が多い北海道の中でも、K川の近くは特に温泉が多く、一日の終わりにリフレッシュできるのでとてもありがたい。

この日釣りを早めに切り上げたのにはもうひとつ目的があった。それは寺七さんという古くからの知り合いがやっている、長万部の「Grass」という店を訪ねることだった。もう四十年も前から、釣友たちが入れ替わり立ち替わりしている店で、そのたびに釣りの話や旨い料理の話を聞かされてきたから、K川同様、ぼくがずっと訪ねてみたいと思ってきた場所である。この旅の直前に寺七さんに電話をすると、

「それなら泊まっていけばいいっしょ、その方がゆっくりビールも飲めるし」と言ってくれたので、この旅の日程を一日伸ばしたのである。つまり、一日余計に釣りをすることができるようになったわけだ。

寺七さんは、北海道のフライフィッシャーマンの草分けの一人でもあり、『ザ・フライフィッシング』に「一年の川」を書かれた多田さんのこともご存知で、なによりご自身が通い込んでいたK川を知り尽くしている。かつてのK川のことなどいろいろと話を伺うのを楽しみにしてきた。できれば、K川の釣果を土産話として持参したかったのだが、しかたがない。

四日目

目が覚めたのは午前七時だった。昨晩寝たのは日付が変わってからだったが、幸い酒は抜けていた。やはり酒を飲むと眠りが浅くなる。睡眠不足のツケが溜まっているような気がしたが、それも今日までだ。ぼくは布団をたたんでから、静かに外へ出た。

霧の朝だった。噴火湾から湧いた霧が沿岸を覆っていた。その証拠に、海岸を離れて内陸に向かうと霧は薄れはじめ、青空が見えだした。途中でセイコーマートに寄ってパンと飲み物を買ってから、ぼくは昨日最後に入ったポイントに向かった。実は、釣ることはできなかったが、大きなニジマスが何度かライズするのを目撃していたのである。午前九時過ぎに入渓点の駐車スペースに車を停めて、ウエーダーに足を入れた。ウエーディング・シューズをはき、片足ずつ靴ヒモを締めた。ベストを羽織り、昨夕フライをキーパーに掛けたままにしてあるロッドを持てば川へ下りていけた。その直前の状態で、なぜか対岸の森と空の境界に目が行った。何日かぶりで広がった青空である。さやさやと木の葉を揺らして風が吹いていた。

（今日はきっと、K川がいいだろう）

唐突にそう感じた。理由はいくらでも後付けできた。今日は久しぶりに晴れたから、バッタの翅も乾いてたくさん飛ぶだろう。風が揺らす枝先から甲虫が落ちるだろう。最初は直感だったが、一度関心がK川に移ってしまったら、むしろ確かめずにはいられない気持ちが強くなった。

ぼくが訪れる前まではドライフライでも釣れていたK川が、増水でリセットされて、明らかに魚の反応が薄くなっている状況がこれまでの三日である。それはいつか変わるはずである。これまでのキャリアで、釣果という結果が出ない川に二日以上続けて通ったことはなかった。魚のドライフライへの反応は、リセット後すこしずつ戻るものなのか？　それともあるときを境にして、すべての魚が一斉に水面を向くというようなことが起こるのだろうか？　ぼくは釣れないことに落胆するよりもむしろ、魚の行動の変化がいつ起きて、それがどういう状態として眼前に展開されるのかを知りたかった。

ウェーダーをはいたまま、シートに座ってベルトを締めた。ステアリングを握ってエンジンを始動したとき、さすがにちょっと迷いが生じた。あれだけ続けてダメだったK川に向かうのは時間の無駄ではないか？　これが二泊くらいの釣行なら、ぼくはもっと保守的になったかもしれない。でも北海道へ来て十二日目の心の余裕があった。ダメならダメでもいいじゃないか、とぼくは思っていた。なにしろ今日は、日程を伸ばしたオマケの一日なのだ。今晩、正確には明日未明に出航するフェリーにぼくは乗る予定だった。その存在を知ってから三十六年も縁のなかったK川は、やはりぼくにとって縁遠い川のままであり続けるのかもしれない。これだけやったのに結果が出なければ、それは運命なのだろう。もし今日竿を出さなかったら、昨日までのトライアルになにも加えることはできない。最後まで抵抗してみて、その結果を受け入れなさいというのならば、きっと素直に運命と信じることができる。そうしなければ生涯後悔が残ってしまうだろう。

真っ先に向かったのは、Mさんが連れて行ってくれた最下流の、ＡＡＡのポイントである。ぼくの見立てでは、好ポイントとしては四ヶ所のなかで飛び抜けていた。ここを釣って結果が出なければ、思い残すことなく引き返すことができると思ったのである。

ジャガイモ畑の脇道を進むとK川の土手に突き当たる。明らかに防災のために造成した盛り土なのだが、いまは雑草が生い茂り、河畔林と相まって自然に溶け込んでしまっている。車が転回できるスペースがあり、ぼくはその端に駐車した。すでに身支度は済んでいる。ベストを身につけ、ロッドを携えて斜面を駈け上がり、土手の上についた踏み跡を下流へ向かった。１００メートルくらい歩いて河畔林のなかに川へ向かう踏み跡を見つけて駈け下りた。まだ二度目なのに通い慣れた場所のような気がした。

林を抜けると、まさにプールの最下流部に出る。音を立てないように、そっと水に足を下ろした。そのままゆっくりと流れの中央部まで進んだ。そこで結んであったフライを切り離し、４Xのティペットの強度を確かめた。問題はない。フライはテレストリアルに決めていたが、どれにするかすこし迷った。昨日まで使っていたスティミュレイターやライツロイヤルには食指が動かなかった。目に留まったのは山上湖用に巻いた#10番の茶色いフォーム・ビートルである。フォーム・ビートルは空気抵抗が少ないので、落下音が絶妙で、鱒の関心を惹きつけるのだとぼくは信じている。

まずはラインの先端をティップから引き出すためにロッドを振った。リーダー全長の9フィートと少しを加算すれば、軽く3ヤードくらい投げただろうか。そこの水深はまだ膝くらいだから、反応はない。魚がいれば見えるだろう。

下流へ向かったラインをやり過ごして、リールから必要なラインを引き出す。細かく刻もうという気持ちはなく、思い切ってプールの中央を狙った。フォルスキャストでコントロールに自信を持てる範囲のラインを繰り出し、前方に放った。淵尻からのアップストリーム・キャストなので、なんの工夫もないストレートなラインが伸びて、12~13ヤード先にフォーム・ビートルが落下した水紋が広がった。ラインが水面に触れるのとほぼ同時だった。縦に長いプールの１／３くらいには届いただろうか。

水深は腰くらいまである。しかしおそらく、落下点の真下に鱒はいなかった。流れに乗ってビートルが1ヤード、2ヤード下ってきたとき、突然水面がうねって飛沫が上がった。間を入れずに、思わずロッドを立ててしまっていた。ロッドのバットを曲げて、重量感が伝わってくる。大物だ。根掛かりのように動かない。次に来る瞬発力のある突進に備えていたが、ようやく上流に走ったかと思えば、5ヤード先で止まってしまう。そうだ、こいつはブラウンなんだ。これはイケるかもしれない。イケるかもしれないが、隙を見せてはダメだ。なにしろ、アワセが早すぎたので浅掛かりの可能性が残る。うまくやらなければ。

ブラウンはちょうど姿が見えないあたりで鈍重なファイトを続けた。ぼくはニジマスのような、狂気を感じさせるような突然のUターンからの下流への突っ走りを警戒していた。下流側に回られ、流れのテンションを受けたまま頭を振られてフライが外れるのを恐れたのである。ブラウンをゆっくり引き寄せながらも、ぼくは常に下流側に回りこみ、淵尻の流れが緩い浅場へ導いた。姿が見えるようになってからも、何度も上流へ短く走り、最期まで同様の抵抗を続けて疲れ果て、ぼくの差し出すネットに収まった。

「よっしぁ！」

思わず叫び声を上げていた。とうとうK川のブラウンに会えたのである。

浅瀬のネットの中に身を横たえているのはよく太った♀のブラウンで、体長は50センチ台半ばというところだった。このK川で釣れるブラウンとしては特段の大物というわけではない。でもぼくが満足するには十分な大きさである。なにしろ四日目にしてようやく釣れたのだ。写真を撮りながらも、じわじわと喜びが湧いてくる。

ヨーロッパ及び西アジア原産のこの鱒の魅力とは、いったいなんだろう。かつては生息河川が限られていたせいで国内では希少価値があり、憧れを抱いていた人が多かった。ぼくもその一人だ。思い入れが強いせいか、ファイトから魚体まで無条件で賛美する声ばかりで、生息地から遠いフライフィッシャーマンを刺激したであろうことは想像に難くない。出会う機会が増えた現在では、もうすこし客観的で冷静な評価が増えたように思う。特にニジマスと比較した場合、スピード、走る距離、ジャンプなど、ファイトの荒々しさでは到底及ばない。けれども、かつての憧れの燃え残りなのかもしれないが、自分の正直な気持ちとして、この鱒には惹きつけられる魅力がいまだにある。

ブラウントラウトの魅力とは、やはり個性なのだろうと思う。色模様、肌艶、成熟後の体型などもさることながら、物陰好きなところや行動パターン、餌の好み、小渓流でも大型化するなど、ニジマスとは違う。ヤマメとは対極だし、イワナとは共通点もあるけれど、もちろん相似ではない。結局、ブラウンはブラウンで、ほかの何物でもないから、そこがいいのだ。それは「無い物ねだり」のエゴなのかもしれない。

人間社会はぶつかり合うエゴを調整しつつ成り立っている。環境行政は今後も自然保護原理主義と開発至上主義の狭間で揺れ動くだろう。保護にしろ駆除にしろ、発言権のない魚からすればいずれも人間のエゴである。ブラウントラウトは、流れの中で生存と世代交代のための営みを懸命に続けているだけだ。人間社会の軋轢は人間が解決しなければならない。

リリースするために支えた両手を抜け出したあとも、ぼくにはブラウントラウトへの贖罪の気持ちが残った。釣り人が垣根を越えてできる唯一のことは、人間に翻弄される魚の生息環境を守ることくらいだろう。これからも自分にできることをやっていく。泳ぎ去るブラウントラウトの後ろ姿に誓った。

それからぼくは立ち上がり、釣バカとしてやらねばならないことがまだ残されていることに気がついて、上流を眺めた。増水後四日目にしてようやく一匹釣れたのだが、それがこのポイントでたまたま起きたことなのか、川全体の魚が水面の餌に興味を示しはじめたのか、それを確認しなければならない。

本州の渓流釣り師ならわかってもらえるのかもしれないが、ぼくは、瀬の中のスポットに毛針を流したい気持ちを抑えながら、上流へ向かった。そこには、せいぜい「尺」までしかいないからである。上流の格付けＢＢＢのポイントは長さがないので、やはり下流側からアップで攻める。わずか二投目だった。先ほどのシーンを再現したかのように水面が割れ、抵抗の様式まで似ていたが、引き寄せた魚は40センチ台のアメマスだった。ブラウンでなかったことは、それほど意外ではなかった。Ｍさんから、最近のＫ川のブラウンは減少傾向で、特に小型が釣れなくなってきており、かわりにアメマスが増えているという話を聞いていたからである。

三十六年前に、ぼくはニジマスの川として紹介されていたＫ川を知り、憧れたのだが、それ以前はヤマメの釣り場として知られた川だったそうだ。下流域に堰堤が作られサクラマスの遡上が阻害され、ニジマスが優勢となったのだ。現在は魚道が整備され、最近では遡上したサクラマスの姿も見られるという。ようやく訪れることができた現在のＫ川はブラウントラウトが多い川であるが、この状況は後々一過性の出来事として語られることになるのかもしれない。これからＫ川は、アメマスとサクラマスが共存する姿に戻っていくのだろうか。太古から在来種が在来種としてそこに生存していた理由、つまり環境に適応した強さを感じないわけにはいかない。ニジマスやブラウンは、種としては見かけほどに強くはない。日本特有の急流ほど適応することが難しく、在来種との競合にも意外と脆弱な存在なのである。

アメマスをリリースしてから、ぼくは農業用の水路を辿ってクルマへ戻った。今日、このとき、K川のすべてのプールの大鱒が水面を見上げている。そう考えると落ち着かなかった。ぼくはクルマに乗り込み、上流へ向かって順番に、Mさんが教えてくれたポイントを辿った。すべてのポイントで、三投以内に、40センチを越えるブラウントラウトがドライフライを捕らえた。ぼくをこれら四ヶ所のポイントに導くため毎朝同道してくれたMさんの努力は、これで報われただろうか。

この日一番歩いたのが、最上流の初日に入ったポイントである。分岐に立っている警備員さんに「釣りに入りたいんですが…」と言うと、「ああ、どうぞどうぞ」と言って通してくれた。橋の脇にクルマを停めてから、一目散にプールを目指して十五分ほど歩いた。一日目の増水は5センチ程度だったことがわかった。このポイントも一投目だった。マダムXをアレンジしたバッタのパターンを使った。ひと飲みにした♂のブラウンは、やはり50センチを越えていた。そいつをネットに入れてから、すこしの時間眺めていた。カメラを構えたが、それまでと違うアングルを思いつかず、シャッターを数回切ったところでやめた。横になったブラウントラウトの息遣いに見入っているとき、急速に釣欲が萎んでいくのを感じた。まだこの上にポイントはあるはずだが、ぼくはもう十分に満たされていた。

下流に向かって川を歩きながら、存在を知ってから三十六年も会いに来なかったぼくに対して、ひょっとしてK川は拗ねていたのかもしれないな、などと考えた。そんなはずはないのだが、妙にそんな気がしてしかたがなくなり、ぼくは流れに向かって「ごめんよ。でも、ありがとう」とつぶやいてみた。橋が見えてきて、橋の上の入道雲を浮かべた夏空にMさんとヨッちゃんと寺七さんの顔が浮

かんだ。Mさんの眉間の皺は消え、三人とも笑顔だった。早くみんなに今日のことを知らせたい。そう思いながら、ぼくは橋の脇の踏み跡を駈け上がった。

初出：二〇一九年二月発行
「フライロッダーズ」春号

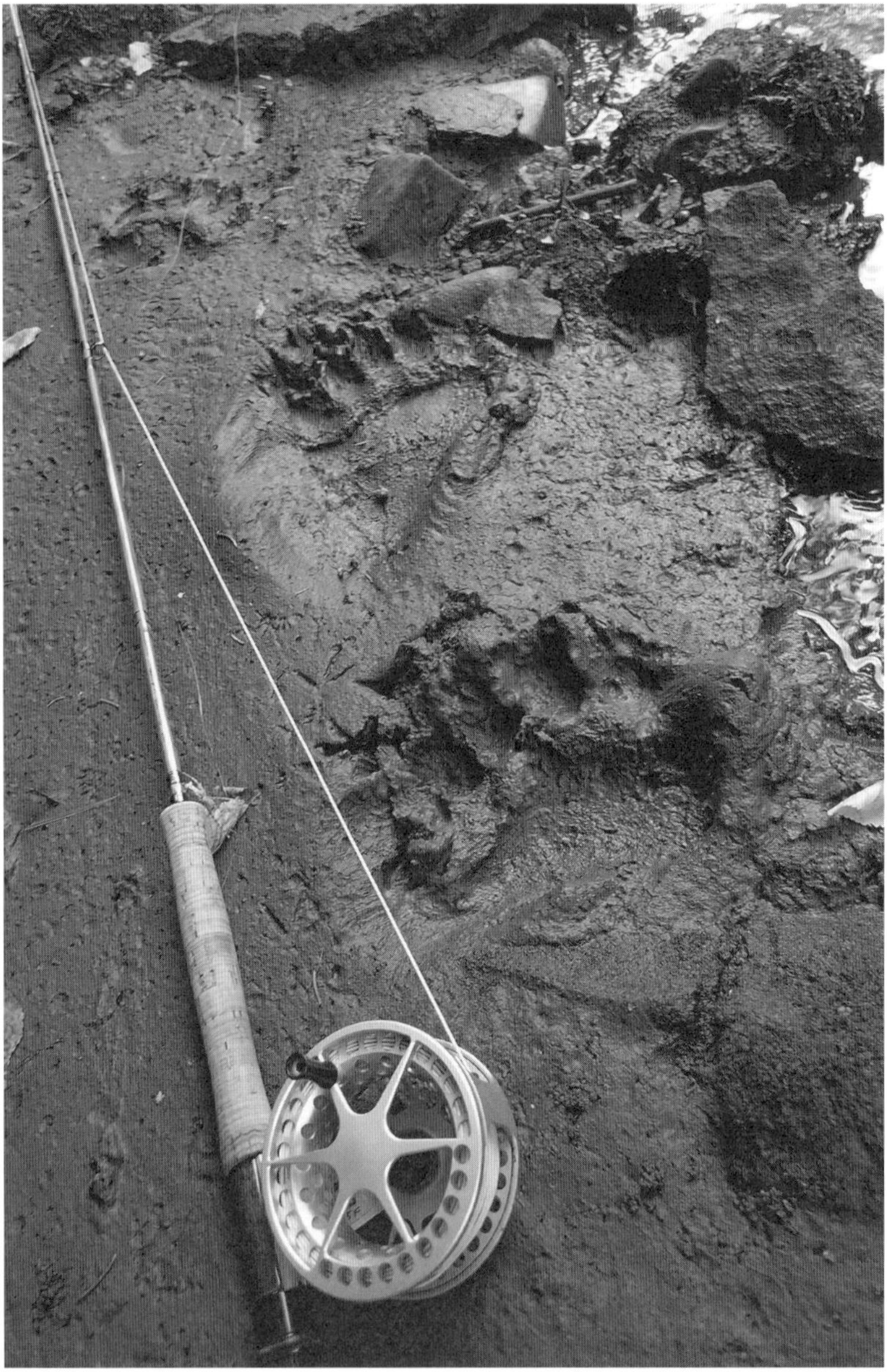

逃した魚

二〇一六年の中禅寺湖は、とにかくワカサギの数が多かったことが記憶に残っている。五月から六月にかけては、湖岸のどこであろうと、ワカサギの大きな群れを目にすることができた。ワカサギに狙いをつけたレイクトラウトが、群れに付かず離れず行動していた。私が目撃したレイクトラウトは、無闇やたらとワカサギを追いかけ回してはいなかった。偏光グラス越しの片手間の観察では、とうとう捕食シーンを目撃することができなかった。それでも忘れた頃にボイルが起こっていたのだから、辛抱強く群れを尾け回しながら、数少ないチャンスを伺っていたのだろう。

どんなやり方にせよ、この年の中禅寺湖のマスたちがみなワカサギを飽食していたことは明らかだ。ブラウン、ニジマス、ホンマスはもちろん、細身の体型で知られるレイクトラウトまで、例年になく背中が盛り上がり、腹が出た、どれも見惚れるような魚体をしていて、それはフッキング後のファイトにも反映されていた。

不思議に思ったのは、ワカサギの飽食によって造られたであろう分厚い体をしたマスであっても、岸近くにたくさん群れているワカサギにいつも狙いを定めている訳ではないということだった。もちろんこの年は、水面に留まるワカサギを模したフライに多くの実績があった。けれども、足元に数百匹のワカサギがいるにも関わらず、モンカゲロウに、エゾハルゼミに、そしてそのほかのテレストリアルに狙いを定めるマスもたくさんいた。

二〇一六年六月十日金曜日。ぼくはいつものように朝の仕事を済ませてから、一路中禅寺湖を目指した。愛車のラッゲージ・スペースには、いつもよりもたくさんの荷物が載っていた。というのは、この週末に、ぼくもメンバーになっている地元のフライフィッシング・クラブが湯川での合宿を計画

していたからである。湖用のタックルに加えて、川用のタックル一式も積み込んでいた。
いろは坂を登り切ったのが午前十時過ぎ。越後屋さんで入漁券を購入し、ポイントを探しながら南岸遊歩道を歩き、ちょっとした突端にスペースがあるのを見つけてロッドを振りはじめたのは午前十一時を回ってからだった。いつもながら出遅れ感いっぱいのスタートだったが、その分残り半日は集中力を切らさないでがんばろうと心に誓った。
最初に試したのが、インジケーターを使ったニンフの釣りだった。二週間前にこのやり方でいい型のブラウントラウトを釣ったからである。ひとまず前方10メートルあたりにインジケーターを漂わせていると、まもなくインジケーターが引き込まれた。ロッドを立てるが、針先が魚に触れた感触がないまま、ラインがだらしなく垂れ下がった。どこをどう工夫すればいいかも思いつかず、同じことを繰り返していると、それほど時間を置かずにまったく同じことが起こった。

たしかに、ゆっくりとだがインジケーターは水中に引き込まれたはずである。けれどもこんなときは自己不信に陥るものだ。ほんとうに魚がフライをくわえたのか、それでインジケーターが動いたのかと、自問自答を繰り返してしまう。まじないのようなつもりで、インジケーターを浅くなる方向へ10センチ程度動かして、再び同じ場所へニンフを投じた。

次にアタリらしきものがあってもすぐにアワセるのはやめておこう。インジケーターがはっきりと水中に引き込まれてからロッドを立てるのだ。そして約20分後、再現映像を見るようにゆっくりとインジケーターが動いた。5センチ、10センチ、斜め下方へ15センチ動いたのを確認してロッドを立てた。瞬間ラインにテンションがかかったが、ズルッという感じで抜けてしまった。いったい何が起こっているのか、潜ってでも水中を見てみたい。そう思うのはこんなときである。魚の口に対してフライが大きすぎるのだろうかと考えた。しかし、小さな魚は、ふつうもっと素早くインジケーターを動かすものだ。

気を取り直して再度フライを投じたが、まもなく左からの風が吹きはじめ、インジケーターが右へ流されるようになった。そうなってからは、アタリが途絶えてしまった。一時間ほどで見切りをつけ、シンキングラインに換装した。なんとかしてもう一度、先ほどと同じ場所から魚信を引き出したかった。思い当たるフライを取っ替え引っ替え、シンキングラインのリトリーブを続けたが、何も起こらなかった。せっかく魚が発信してくれたヒントを掴みきれなかった自分の不甲斐なさには、ほぞを噛むしかなかった。

昼食休憩や小休止を挟みながら、どれだけリトリーブを続けただろう。これだけ魚信が遠いのなら、フローティングラインに戻して、再びインジケーターの釣りをした方がいいのではないだろうか?

それともエゾハルゼミやワカサギを模したフライを結ぶべきだろうか？　到着してすぐに、浮かべていたインジケーターの近くで、巨大なマスが水面に乗った何かを捕食した。しかしそれ以降ライズを目撃することはなかった。迷いながら釣り続けてしまっていたのは、ただスプール交換が面倒だったからだった。集中力が薄れた、惰性の釣りになりかかっていた。

午後五時を回った頃だった。右前方はるか沖合いに、ときどきライズリングが広がることに気がついた。観察していると、ライズは間延びしてはいるものの、明らかに継続してる様子だった。なにか、そのあたりの水面で餌を捕食する理由があるのだろう。もう、リトリーブはうわの空である。単発ではあるが、とうとう20ヤード付近でもライズリングが広がったのを目撃して、フローティングラインに換える決心がついた。

フライはなにを選ぶべきか。目の前を水に落ちたエゾハルゼミが移動していく。思ったよりも早いスピードで動いていく。自分がいる突端の先に浮かべたインジケーターは、到着したときから左から右へと移動したが、風が作る吹送流がそれに加わって、緩やかではあるが流れが生じていた。エゾハルゼミは、広く見渡せば五、六匹も見つけられるが、ライズが起こる広いレーンを移動して行く数はけして多くない。明らかにライズの数の方が多いのだ。そう思いながら、空を映す水面の反射に目を細めて眺めると、点々と浮いている小さな虫の黒い影が見えた。

水際まで近寄っていくつも確認したが、それらのほとんどが陸棲昆虫だった。が、特定の一種ではなく、大小様々なテレストリアルが水面に乗っていた。沖のライズの主は、特定の虫を偏食しているわけではないようだ。ならば、むしろ釣りやすいのではないか。

ぼくはドライフライが詰まったボックスを取り出し、蓋を開いて物色した。目についたのは、忍野用に巻いた#12のフォームビートルだった。ラバーレッグ付きである。忍野ではいつも5Xに結ぶのだが、今日はそうはいくまい。かといって、3Xではバランスしないような気がしたので、リーダーには4Xのティペットを継ぎ足した。

ロールキャストで、これまた忍野と同じやり方でラインを繰り出していく。流れは左から右なので、川の右岸に立っているのと同じ要領で、体の右側からロールを打ち、ラインの先端部分に自然な右カーブを作る。ライン全体が2メートル程度移動したのを見計らって、ライン先端部分を動かさないように最初と同じ要領でロールキャストすると、水面に乱れたL字が描かれる。これを繰り返していくと、一定の距離を置いて、湖岸と平行にフライからL字の屈曲部までを直線状に流すことができる。レーンに対して斜めにラインを置くと川と同様にドラッグが掛かり、長い距離を進むあいだにフライが引き寄せられてしまう。長いラインを操作するためにはロングベリーのWFかDTという形状を選ぶ必要がある。

一投目は失敗だった。おそらく湖底の形状のせいで流れが突端から斜め沖へ向かうのだが、繰り出したラインは岸寄りに逸れて、肝心要のレーンには向かいそうもなかった。早々に見切りをつけて、再びロールキャストで限界までラインを繰り出し、L字の屈曲部を岸から遠ざけると、今度はうまく流れに乗ってくれた。秒速数センチしかない流れに合わせて根気よくラインを操作する。ベリー部まで水面に乗ってしまえば、あとは全体の移動を妨げないようにラインを繰り出すことしかできない。そこで初めて、フライが流れていく先の湖面をゆっくりと観察することができた。

広いレーンの先に留まってライズする魚がいることはもはや明らかだった。たまに20ヤード付近にもライズが起こることはあるが、もっぱらライズが安定して見られるのはさらに遠くである。ライズ

の主は複数だ。同時にライズリングができたのでそれを確信した。いずれも大きそうだ。

＃12のビートルは、もしやと期待していた20ヤード付近を通過した。オレンジ色のフォームを背中に乗せてあるが、すでに鈍く光る水面上の黒い点にしか見えなかった。見失うまいと凝視していた点の、少し先の水面に巨大な背中が現れ、続いて尾ビレの上端を突き出してから消えた。デカい。しかも自分のフライに向かっている。ハッとしてビートルを探したが、視線を逸らした一瞬に見失った。直後に、目を凝らしていた狭い水域にライズリングが広がった。

半信半疑でロッドを立てると、途中からラインを引きずる以上の重みが加わって、ロッドが大きくしなった。このときすでに、リールからわずかにバッキング・ラインが引き出された状態だった。恐る恐るリールのノブをつまんで動かすと、大きなマスが掛かっているはずなのにラインを巻き取ることができた。しかし巻けたのはほんの2ヤードくらいだったろうか。ラインが強く引かれると遥か30ヤード先でジャンプ。

（やっぱりニジマスだ！）

そう思うと同時に、ぼくはリールから手を離していた。巻き取ったラインは一瞬でスプールから消え、バッキング・ラインが吐き出された。5ヤード、10ヤード、15ヤード引き出されても止まる気配がないので、ぼくはドラッグを増し締めした。逆回転のスピードは落ちた。が、止まる気配はなかった。さらにどれくらいバッキングが出て行っただろうか。少しスピードが緩んで、もしやと思った直後、すべてのテンションが消えてしまった。

長い長いバッキング・ラインを回収し、続くフローティング・ラインもすべて巻き取るには相当の時間が掛かった。その先のリーダーとティペットは無事繋がっていたが、結んだはずのビートルが消えていた。フルラインを水中に引きずり込んでいたのだから、相当な抵抗が掛かっていたはずである。ぼくは当初、これまで経験したことのない突っ走りに驚嘆してしまっていた。けれども動揺が薄れていくにしたがって、悔しさがジワジワと湧き上がってきた。長駆の遁走とスピードは、取り逃がした魚の大きさを思い知らせた。生涯最大魚だった、とぼくは確信していた。あの走りなら70センチは越えていたはずだ。しかし証拠はない。見ていた人もいない。モヤモヤしたものが胸の奥に残ったままになった。

この日は、学習院大学光徳小屋に泊めていただいた。明日、明後日と湯川を釣る地元フライフィッシング・クラブの出自は私立幼稚園で、名誉会長の園長先生は学習院大学スキー部ＯＢだった。偶然同じ日程になったOB会に、私は園長先生と共にゲスト参加させていただいた。仕事の都合で、私は金曜泊土曜帰宅予定での参加だった。

「でっかいニジマスが掛かったんですけどねぇ、糸を切られました」

先輩女性OBの、今日の釣果の問いかけにぼくはそう答えた。逃がしたニジマスは、時間の経過とともに存在感を増していたが、あの瞬間を思い出すのは辛かった。

「へえ、中禅寺湖には大きな魚がいるの?」

無理もない。彼女が経験したことがあるのは、学生時代の湯川の釣りだけなのだ。

「少なく見積もっても、60センチはあったと思うんですけどねぇ」

「えっ、60センチって言ったらアナタ、鮭みたいな大きさじゃない!」

ニヤニヤしながらそう言った彼女にとっては、30センチのブルックトラウトこそが大物なのである。ぼくは信じてもらうことをあきらめた。

「ああそうか…やっぱり、ちょっと大きすぎましたかねぇ」

「そうでしょ、ちょっと大袈裟よぉ」

そう言って、彼女は大きな声で笑った。

翌朝も、頭の中はあの魚のことでいっぱいだった。全員揃った朝食の席でも、勢いよく引き出されていくラインがフッと止まり、ロッドがゆっくりと復元するシーンが心に浮かんでくる。けして心地よいことではないのに、その瞬間が何度もフラッシュバックした。今日はもうあんな山師のような、釣れるか釣れないかわからない釣りはやめよう。早めにいろは坂を下って、夕方にヤマメ釣りをするのだ。鬼怒川の支流に、短い区間だがいい型のヤマメが釣れるところを知っている。そこでヤマメに心的外傷を癒してもらおう。そう心に決めた。

午前十時近くなってから、湯川に分散した地元釣りクラブのメンバーたちに声を掛けに行った。学生時代にこのあたりをくまなく歩き回った園長先生の案内で、光徳入り口から小田代橋を目指した。一人一人に、昼食は小屋に集まってみんなで食べようと伝えた。釣りをしない園長先生はもちろんだが、ぼくも手ぶらで歩いた。今日ここで、ブルックトラウトを何匹釣ったところで満たされることはないとわかっていた。

「申し訳ないけど、今日はこのあと湯川には行かないで、鬼怒川の支流に行きます。ヤマメのいい場所があるんで、そこでイブニング・ライズを釣って帰ります」

合宿なのに、一緒に釣りをしないで帰るとぼくは宣言したのだが、誰も嫌な顔をする人はいなかった。個人を尊重してくれる大人の釣りクラブでよかったと思った。Fさんが、

「もう中禅寺湖はいいんですか？」

と聞いてきた。

「二日続けてボウズは辛いからなぁ…でも、もしかしたら行っちゃうかも」

そう言うと、みんなが笑った。けれども、その「もしかしたら」がほんとうになってしまった。

いままで何度、中禅寺湖でボウズを食らっただろう。帰路にはいつも、こんなに釣れない湖には二度と来るまいと思うのだ。弱気がリベンジに燃えた強気に置き換わるには数日を要するものだと思っていた。しかしこの日、竜頭の滝からの坂道を下っていって湖畔に出たとき、ここを通り過ぎたら、負け犬にしかなれないような気がしてきた。ブルックだろうとヤマメだろうと、今日中禅寺湖以外で何匹魚を釣ったところで、満たされることはないとわかってしまった。

入漁券を買って、昨日の突端に着いたのが午後三時過ぎだった。土曜日なので、場所が空いているかどうかを心配したが、もう引き返すつもりはなかった。案の定、突端の手前に人が入っていたので、少し先まで歩いたところに荷物を下ろした。昨日とは逆方向の風が、右前方から吹いていた。この風向きがこの日のすべてだった。

昨日の4Xティペットを切って、代わりに3・5Xを繋いだ。先端に結んだのは昨日と同じ#12のフォーム・ビートルである。大きな岩の上に立って見渡してみる。昨日ライズが集中した辺りには、なにも変化がなかった。まだ時間が早いのかもしれないが、もしそこにライズがあっても、昨日のようにラインを伸ばす訳にはいかなかった。突端の向こうで釣っている人の邪魔になるからである。

首を左に振って、何気なく逆方向を眺めたとき、岸からあまり離れていないところにライズ・リングが広がった。見るからに大きな魚が作った波紋のようだった。ロールキャストで繰り出したラインを水面に乗せ、リールからもラインを引き出しながら、左方向を注視した。ライズしたところから自分までの間に、浮き藻が集まって広く水面を覆ってしまっている部分が二ヶ所あった。その間、遠い方の藻の陰から大きな魚影が現れ、水面下をこちらに向かって泳ぎながら近い方の藻の下に消えるのがはっきりと見えた。

ぼくは少し慌てたが、プレゼンテーションのための一連の動作をスムーズに終えることができた。準備ができていたからである。ビートルはわずか5ヤード先の、浮き藻の陰から魚が泳ぎ出てくると予想した場所に置かれた。三秒後だった。ビートルが水面の窪みに吸い込まれ、そのあとに小さな渦ができた。不思議なほど冷静に、ぼくは心の中で「いーち」と数えてからロッドを立てた。

魚は水面近くを沖へ向かった。走り方といい、スピードといい、ニジマスに違いないと思ったとき、水面に躍り上った。ジャンプはこの一度きりだった。二度目の走りでバッキングラインを少し引き出したところでニジマスは止まり、もうそれ以上ラインを引き出すことはなかった。抵抗は続き、寄せたり離れたりを繰り返しながら近づいてきた。大型だとはわかっていたが、初めて水面下が見える範囲を横切ったときの堂々とした姿に気圧されそうになった。それから右へ左へ、何往復しただろう。ぼくはまだ早いかなと思いながらも背中のネットを外し、落ち着いてと自分に言い聞かせた。

これからが最も緊張するところである。これまで何度失敗したかは数えきれない。バラせば悪夢に逆戻り。ここがバラ色と暗黒の分かれ道なのだ。

(ハズれるな、ハズれるな、ハズれるな…)

心の中で繰り返しているのが、祈りなのか呪文なのか、自分でもわからない。誰にも責任は押し付けられないし、誰もこの状況から救ってはくれない。ようやくそのニジマスをネットに入れたとき、すべての抑圧が消滅した。

(ああ、よかった。助かった!)

うれしいというよりも、心底ホッとした。

突端の向こうにいたフライフィッシャーが近寄って来て、祝福してくれた。ザックからカメラを取り出して撮影してから、大雑把に手尺で体長を測ってみる。60センチは越えているが、70センチには届かない。昨日バラしたニジマスを思い出した。あれよりは一回り小さいだろうけど、もちろん文句はない。フォーセップを手にして、フックを外そうとニジマスの口を開いたとき、自分の目を疑いたくなった。そこにフォーム・ビートルが二つ刺さっていたのである。先にティペットに結ばれているビートルを外してから、奥に刺さっている方を、怪我をしないように慎重に外してみると、それは紛

れもなく、昨日自分が結んだビートルだった。コイツだったのか…。「逃した魚は大きい」という諺を、ぼくは自分自身で証明してしまったことになる。

カメラを片付けているときにも、目の前にライズリングが広がった。今日は表層の流れと風が逆方向から押し合っているので、行きつ戻りつするテレストリアルがこの辺りに滞留するようだった。ぼくは一時間もしないうちにもう一匹、60センチを越えるかどうかというニジマスを掛けた。コイツは五回もジャンプしたのに、フックが外れることはなかった。釣れるときはこんなものである。知識や技術も大切だが、心の起伏を少なくして、どれだけ長く釣りに集中することができるかも、チャンスに巡り会うための大切な要素なのだろう。そうして、できるだけたくさん、いい風向きに出会うことだと、ぼくは自分に言い聞かせた。

書き下ろし

スプリット・テイル

二〇一七年の中禅寺湖は水が少なかった。少なくとも七月まで渇水が続いた。

水が多い年の中禅寺湖は、背後の森が湖岸に迫るので、歩きづらくなる。水際を歩こうとしても、伸びて来る木々の枝を潜ったり、跨いだり、いちいち遊歩道まで戻りたくなる区間が多い。しかし大渇水のシーズンはこの逆だ。湖岸は森から離れ、満水時には水底に沈むはずの岩々が露出する。水際を自由に歩くことができる。

渇水と関係しているかどうかは不明だが、二〇一七年は岸際を餌を探して徘徊するブラウントラウトをたくさん見かけた年だった。背中が出そうなくらい浅い水域で見つけることができたブラウントラウトの数は、これまでで最多だった。サイト・フィッシングも数多く成立したのだから、記憶に残る釣果が多かった。でも、たくさん印象的な釣りを経験すると、そのひとつひとつにも優劣をつけられることがわかる。胸に深く刻まれるかどうかは、薄々勘づいてはいたが、魚の大きさではなかった。少なくともぼくの場合、魚との駆け引きのおもしろさが、記憶に残るかどうかの最重要要因であることがわかった。

そのブラウントラウトがいたのは上野島と阿世潟の間で、岬からその奥に続く、累々と岩が連なる湖岸を縄張りにしていた。そのテリトリーを、六月一日にぼくが歩いて通過したときには見つけることができなかった。注意深く観察したつもりだが、見逃してしまったのか、まだそこに居着く前だったのかはわからない。もしかすると、誰かに釣られ、リリースされた直後だった可能性もある。とにかく彼女を最初に見つけたのは一週間後の八日だった。

その日、ぼくは朝からブラウントラウトを二匹フッキングしていた。最初のは50センチ台前半くらいの大きさだったが、水深20センチの岸際でフッキングしたせいか、ブラウンらしからぬジャンプを

繰り返し、とうとう五回目に跳ねたときにフックを外されてしまった。この日の最初の獲物でもあり、釣り始め早々のバラシは悔しかった。

それから三十分もしないうちに、別の大きな魚を見つけた。この頃には、このシーズン特有のブラウンの行動パターンはだいたい読めるようになっていたので、ドキドキはするけれど、取り乱すようなことはなかった。型のいいブラウンが目の前でドライフライを捕食する瞬間を確認してから、ゆっくりロッドを立てた。今度は跳ねることもなく、まっすぐ沖に走った。ブラウンにニジマスほどのスピードはない。距離も走らないのだが、こいつはズルズルとバッキングまで引き出した。時間をかけて取り込み、体長を測ってみると61センチあった。

リリースしたあとで、さあ、今日は何匹釣ってやろうかと思った。釣りをしているときには感情の振れが大きくなるという自覚がある。早めにいい魚を釣っておいた方が、釣れない重圧を抱えているよりもずっと気楽に一日を過ごせることは言うまでもない。概して、大釣りをするのはこんなときである。

上野島に向かって、魚影を探しながら湖岸を歩いて行った。岬状の地形を回り込み、大きな岩を越えて少し進んだところで、前方からやって来る魚影を見つけた。

（いた、いた）

すでに釣ったような気がして、有頂天になっている自分がいた。岸から少し離れて姿勢を低くする。残念ながら、フライを引っ掛けてあるストリッピング・ガイドから外し、リールからラインを引き出して準備を整えるまでに、そのブラウンはぼくのすぐそばまで迫って来てしまった。目の前の、岸から1メートルと離れていないところを通過する。大きさは約53センチ。顔が尖っていないからメスだろう。体側の斑点が少ないタイプ。どういうわけか尾ビレに切れ込みがある。

すべてが丸見えだった。尾ビレの切れ込みがとにかく印象に残った。それはネットにすくわれたときに、クレモナ糸が尾ビレに食い込んだような裂け方ではなかった。もしそうであれば、泳いでいるときにそれほど目立たないはずだが、彼女の場合ははっきりと尾ビレに隙間の空いた長い切れ込みがあるのだった。その特徴から、ぼくは彼女をスリットと呼ぶことにした。

通り過ぎて行ったスリットが戻って来ることを、ぼくは確信していた。行き同様、帰りも岸から離れることはないだろう。彼女はエサを探しているのだ。フライの置き場所に迷いはない。ぼくは九十度姿勢を変えて、スリットが泳ぎ去った方向の岸から約1メートルの場所にフォーム・ビートルを置いた。こちら向きでは、大きな岩と水面の反射が邪魔して、近づいて来る魚影を遠くから捕捉することはできない。けれども、コースが決まっているなら見えても見えなくても同じことである。

思ったより早く、スリットは戻って来た。おそらく岬の先端あたりでUターンして来たに違いない。水面の反射を透かして見つけたときにはすでにフライから1メートルに迫っていた。直後にスリットはビートルに気がついた様子で、上向きになり、近寄って来た。

(コイツもいただきだ…)

そう考えながら身構えたとき、口先からフライまであと2センチのところで、スリットは変針し、波紋だけを残して通過した。目の前を、のらりくらりと泳ぎ去って行く。まったく予想外だった。今日見つけたブラウンは二匹とも、なんの疑いもなく同じフライを吸い込んだのに、彼女は嫌ったのだ。なにか工夫が必要なことは明白だったが、真っ先に浮かんだアイデアは、戻って来たときに、何も変えずにもう一度チャレンジすることだった。光線の方向が変われば見え方も変わるかもしれないという期待を捨てられなかったのである。

今度は戻って来るまでに時間がかかった。準備を整えて入り江の奥を眺めながら待った。スリットは通り過ぎてから5メートルくらいのところで一度ライズした。その五分後にライズしたのが、最奥の30メートル離れた岸際だったが、それきり湖面は静まったままだった。スリットがどこで折り返すのか、いまどこを泳いでいるのかがさっぱりわからない。もしかするとそのまま泳ぎ去ってしまったのではないか?　その不安を打ち消してくれたのが、15メートル先の、岸からわずか50センチのライズだった。戻って来たのだ。

目を凝らしていると、偏光グラスが反射を除去してくれた水面下に、遠目にはっきりとスリットの姿を見つけることができた。気持ちが迎えに行ってしまったので、必要もないのに8ヤードもラインを出してしまった。少しだけラインを引いて、ティペットを水に馴染ませた。ここまでの首尾

は完璧だった。スリットがフライに近づいて来て一瞥をくれた。わずかな仕草だったが、ぼくにはそれがわかった。けれども次の瞬間には、近寄ることもなくビートルを無視して通過した上に、ぼくのすぐ目の前に浮いていた何かを疑いもせずに捕食した。ライズ直後にちょっとだけ加速した後ろ姿を、ぼくは見送るしかなかった。

見渡せる範囲にいくつかエゾハルゼミが浮いていた。しかしスリットはまったく興味を示さなかった。移動中に視界に入ったはずだが、植物片同様に無関心なままだった。近くの水面を観察すると、小さなテレストリアルが浮いていることがわかった。数種類いるようだが、多くは体長1センチにも満たない、茶色やピーコックグリーンといった色合いの甲虫だった。

一度めが直前Uターンで、二度目がチラ見。スリットが平均以上にスレているのはまちがいないだろう。スレた魚に、こちらの都合を押し付けることはできない。相手の気持ちに寄り添い、気に障ることを取り除く。それが騙しのテクニックのすべてであることはわかっている。

（こんな気難しいやつを相手にしている暇があるのかよ？）

自分自身へ問いかけた。朝からいい時合が続いている。早く移動して、いまのうちに食い気のある別の魚を探したほうが釣果を増やすにはいいだろう。しかし、いまさら一匹多く釣ったところで、ぼくが得るものはあまりない。それよりも、この難しい魚を攻略する方が身に付くものは多いにちがいない。いや、そんなつまらない計算よりも、釣れそうで釣れない魚にはとにかく心を奪われてしまう。すでに離れたくても離れられなくなってしまっていた。

5Xのティペットを付け足すことにした。幸い、アイツが50センチ台前半であることは確認できている。ニジマスはどうかと思うが、ブラウンならチャレンジできるはずだ。フライも、ビートル#12という選択はこちらの都合でしかない。同サイズの虫が浮いていないわけではないが、圧倒的に多数を占めているのはもっと小型の甲虫なのだ。ボックスを漁ると、ショートシャンクの#16フックに巻いたビートルが見つかった。これならいけそうだと思った。

そうこうするうちに、岬でUターンして来たスリットが目の前を通り過ぎていった。自分に慌てるなと言い聞かせてから、ぼくはティペットとフライをそれぞれに結び、結節が確実かどうかを確かめた。いつでも迎え撃てる準備が整った。

スリットの動向は、彼女が作るライズリングが教えてくれた。スレてるといっても、偽餌であるフライやラインの存在に気づいた時点で遁走しないところなど、まだまだ緩い。秋の、渇水の、北海道のニジマスの比ではない。十分以上の時間を使って、スリットは戻って来た。今度は5ヤード先、岸から70センチにフライを置いた。少し近いかなと思ったが、投げ直して気づかれるリスクの方を避けた。

彼女が近づいて来た。サイズを小さくしたせいか、スリットがフライに気づいたのはかなり接近してからだった。しかし気づいてからは迷いなく一直線に加速してビートルを捕食した。ロッドを立てると、急深な湖底に沿って斜め下方へ走った。ぼくは高を括っていた。50センチ前半のブラウンに翻弄されるなんてありえない。5Xのティペットだから、多少走らせてやればそのうちバテるだろう。姿が不明瞭になる直前で、スリットは右へ少し向きを変えた。それから5ヤードも引き出されただろうか。そこでラインがピタリと止まった。テンションは残っている。しかしリールを巻いても柔らかい抵抗と共にロッドがたわむだけで、少しもラインは巻き取れなかった。障害物絡みのアクシデントだとすぐにわかった。

翌週も中禅寺湖に出かけた。スリットを釣り逃した場所に行くまでに、また一匹素直なブラウンを釣ることができた。湖岸を歩きながら、今週もまだあそこにスリットがいるだろうかと考えた。先週痛めつけてしまったわけだし、あれから一週間も彼女が同じ場所に居座っている可能性は低いような気がした。

岬にある大岩を越えたところで立ち止まり、ベタ凪の水面下を探してみたがスリットの姿は見つからなかった。やはり今週はいないかと思って歩き出すと、ずいぶん先の岸際にライズリングが広がった。直感的に彼女に違いないと思った。

うれしかったのも事実だが、ぼくの顔に浮かんでいたのは苦笑いだったと思う。もう一度スリットにフライをくわえさせるのは相当に難しいにちがいない。先週は本気で、釣り上げて不思議な尾ビレの裂け方を確認してやろうと思っていた。けれども今週はそこまで強気になれない。彼女の気難しさに接していたからである。

今日も、最初からティペットを細くする気はなかった。5Xでも、先週よりもう少しテンションを掛けてやりとりすれば取り込める可能性はあると思っていた。けれども、次善策とすることに決めた。

ぼくは4Xのティペットはそのままにして、フライだけを緑色のビートル#16に結び替えた。それから、ライズの主がスリットなのかどうかを確かめるために忍び足で前進した。先週とほぼ同じ時間なので、入り江の奥からやって来る魚の方がより見やすい。湖岸に一段と高い、しかし平坦な岩を見つけ、そこに立って遠くを眺めた。いたいた。一四、こちらに向かって来るブラウンがいる。

間合いを見計らってキャストし、近づいて来る魚影を見失わずにいると、次第にそれが見覚えのある姿になっていった。フライまで3メートルくらいのところで、あの尾ビレが確認できた。スリットはそのままのらりくらりとやって来て、最新作であるグリーン・ビートルから少し離れたところを通過した。チラッとさえ興味を向ける様子はなかった。

ダメか…。水面での存在感を消すために、ティペットを沈めることにする。これには粘土オモリを使うやり方もあるのだが、ドロッパーを試すことにした。あらかじめこのときのために、ブラッドノットからティペットの後端を15センチ出したまま切り残してあった。これまであまり公言したことはないが、割とよく使う手である。

ドロッパーには、いつもソフトハックルを結ぶ。あまり大きなサイズは向かない。沈み過ぎるのがその理由で、フッキングのときに根がかりしていて失敗した経験がある。そもそもウエットでの釣果を優先するならドライフライとの併用などやめた方がいい。この場合、選べるパターンには制約があるのだ。釣果を期待しないわけではないが、ティペットを水に馴染ませる役目が優先される。このときは#16のソフトハックルを選んだ。ボディ後端に金色のタグをあしらったピーコックのボディに、ハックルはスターリングをパラリと一巻きしてある。スターリング&ハールと呼べばいいだろうか。これまでにもよく働いてくれた実績のあるパターンである。

折り返して来るスリットのコースを予測してキャストした。あらかじめ唾で濡らしておいたソフトハックルが水面下に入り、ティペットをジワジワと引き入れていく。いい感じだ。そろそろ来るころだと待ち構えていたのだが、やっと見つけたのは、フライの2メートルほど沖側から、岸に向かって泳ぎ寄って来る彼女の姿だった。どんなブラウントラウトも岸際で餌を探しているときには、直線的には泳がない。それにしてもスリットは大回りをしたものだ。まるでフライ近辺に違和感があり、回避されてしまったようなコースだった。水面の反射で、肝心のフライとの間合いの取り方を観察することができなかったことが悔やまれた。

もう一度、スリットが折り返して来るのを待つことにした。反対側からの接近なら、じっくりと観察することができるはずだった。ぼくは岩の上に立って入り江の方向を眺め、彼女が戻って来るのを待ちわびた。スリットのテリトリーは先週と変わらず、戻って来るまでの時間は十分程度だったはずだが、とても長く感じられた。10メートル先に彼女の姿を認めてから、ぼくは4メートル先の水面にフライを置いて待った。

スリットはまたフライの外側に向かいかけたが直前で向きを変え、ビートルに近づいた。心拍数が上がるのを感じながら凝視を続けた。真っ直ぐに近づき、近づきすぎて真下を通過するかなと思ったときに、彼女は大きな胸ビレを広げて急停止してから、アレっと何かに気づいたように再加速して水面に大きな波紋を作った。

思わずロッドを立てていた。捕食したのは、スターリング&ハールの方だった。4Xで食わせたぞ。してやったりだった。先週は走らせ過ぎてしまった最初の遁走にも早々にブレーキを掛け、すぐにこちらのペースに持ち込んだ。右へ左への突っ込みもいなして、目の前を何度も往復した、見慣れた姿がいよいよ近づいて来た。ネットに手を掛けようとしたとき、スリットが何度か頭を振った。その拍子にフックが外れ、ロッドに感じていた重みが消えた。またもや彼女は深みへと泳ぎ去ってしまったのだった。

翌週も中禅寺湖に出かけて行ったが、スリットの姿を見つけることはできなかった。人間でも魚でも同じことである。縁がないとはこういうことなのだろう。

書き下ろし

大日如来無為

東京から東北自動車道を北上していくと、関東平野の大きさを実感することができる。大都市圏の密集を抜け出せば、緩やかな起伏に田畑と屋敷林が延々と続くようになるからだ。空気が澄んでいれば、平野の果てを示す北関東の山並みが遠望できる。

男体山の特徴ある山容を探すのは容易である。奈良時代（七六七年）に勝道上人が開いたとされる奥日光は、女人禁制、山伏のみが分け入ることのできる修行の地だった。中禅寺湖の上野島には遺骨の一部が納められており、湖畔にも仏教に由来する地名が多い。千手ヶ浜には千手観音堂があり、八丁出島には薬師如来を祀る薬師堂があった。

大日崎には大日如来像が鎮座している。思いのほか小さな仏様だが、石像をここに設置するのはたいへんな作業だったろう。湖岸に露出した巨岩の上に、北を向いて座っている。正面に回ることはできるが、急な斜面を降りねばならず、また巨岩から水際までは狭く、岩が転がっている。遊歩道が石仏の後方を通っているから、湖を背景に後姿を写真に収める人が多い。

ぼくが最初に撮った写真も坐像の後姿だった。数年前の六月のことだ。その日の釣りは朝から好調で、湖岸を歩いているとよくライズを見つけた。午前中にブラウントラウトばかり三匹釣っていた。昼ごろ大日崎に達し、弁当を食べ、後方から大日如来像の写真を撮って引き返した。天気のいい日で、ウルトラマリンの湖と対岸の菖蒲ヶ浜を、石仏が見晴るかしているようなアングルが気に入ってシャッターを押したのだが、そのときチラッと、反対側に回って正面からも撮影しないと失礼じゃないかという思いが頭をよぎった。けれども湖岸まで降りるのが面倒で、そこまでしなくてもいいだろうと無精を決め込んだ。

その日の午後、それまで度々感じられていた魚の気配が湖畔から消えた。最初はそのうち釣れるさ

と鷹揚に構えていたのだが、上野島あたりから気になりはじめ、阿世潟まで戻る頃には自分の無精を後悔するようになっていた。一方で、自ら進んで迷信に囚われるなんて馬鹿げてると声高に主張するもう一人の自分もいて、心を乱しながら遊歩道を歩いた。要所要所でライズを探したが、ついにその午後は釣果どころか魚の気配さえも見つけられぬまま立木観音の駐車場まで戻って来てしまった。

翌週はこれと逆パターンになった。午前中に、入り江の奥の浅場で不定期に起こるライズを見つけた。中禅寺湖の釣り経験の浅い人なら、おそらくイレギュラーな単発ライズとして見過ごしてしまうだろう。けれどもぼくには、それが一匹の、かなりスレたブラウントラウトが落水したエゾハルゼミを捕食しているライズであるように思えた。ブラウントラウトは水面の餌を捕食する場所に執着を見せることがある。そしてそれは「こんなに浅いところで?」と感じられるような岸寄りも含まれる。そんな場所は往々にして湖岸の岩にラインが絡みやすかったり、水面上を木の枝が覆っていたり、なによりも近すぎるという点が釣りにくさにつながることになる。ブラウントラウトは他の鱒類よりも岸近くに生息場所を求めているがゆえに、いっそ岸ギリギリの方が安全であることを知っているかのようだ。

せっかくのライズを見過ごすわけにはいかないので、ぼくはその場所に蝉フライを浮かべて待った。できるだけ接近して、上方から被っている枝の若葉に掛けぬように、注意を払ってフライを投じた。そのまま10分も待っていただろうか、釣り人が湖岸を歩いてやって来て、背後を通過した。浮いた岩を踏んだときのゴトゴトという音が気になった。ブラウンがこの音を察知していれば、釣り人の接近を知ることができるだろう。そんなことを考えながら更に10分待っていたが、いよいよ根負けして立ち上がった。遊歩道に戻って未練がましく振り返ったとき、水音がして渦が巻いた。浮いていたエゾハルゼミが捕食されたにちがいない。ライズの主は、まるで釣り人がフライを浮かべていることを知っていたかのようだった。

そこから大日崎まで、一度もチャンスは巡ってこなかった。先週同様、平らな岩に腰掛けて弁当の包みを解き、小一時間を過ごした。先週のことがあったので、腰を上げてから湖岸の岩から岩へと伝って、大日如来像の正面まで移動した。合掌して、先週の非礼を詫びた。下心がなかったわけではないが、我欲を意識することもなく、自然な流れのうちに日々平穏の謝意を込めることができたと思う。

帰路、あいかわらず魚の気配を感じ取ることができぬまま、昼前にエゾハルゼミへのライズがあった入江まで戻って来たときに、来るときと同じ場所で再びライズが起こった。このブラウンが、今日唯一のチャンスかもしれない。難敵だからといって見過ごすわけにはいかなかった。

ぼくは真っ直ぐ入江の奥に向かおうとしたが、午前中の岩の音を思い出してやめた。遊歩道を先に進んで一旦ライズのあった場所をやり過ごし、少し先で湖岸に降りた。そこからできるだけ静かに、ライズのあった場所に近付こうとした。けれども湖岸を複数の枝が低く伸びて来ていたので、それ以上前進することを諦めた。

残した距離は約15ヤード。ぼくはとにかく水面へのインパクトを最小にすることと、確実にフライをターンさせることを心掛けてキャスティングした。岸と平行に投げたので、右腕は無意識に水際を避けて、ライズの起こるスポットから少し離れた場所にフライが着水した。

投げ直すかどうか迷ったぼくは、しかし一陣の風に気がついた。風は岸に向かって吹いて来た。十分後にフライが浮いている位置がどの辺りか、イメージすることができた。本来なら、最初に風を計算してフライを落とす位置を決めるべきだったのだが、無意識のキャストが偶然、正しい位置にフライを置くことになった。

風が吹き寄せるたびに数センチずつフライが移動していき、ぼくの蝉フライはそのブラウンが執着する狭いスポットに差し掛かった。さざ波が蝉フライをリズムよく揺らしていた。すぐ下に、明るいグレーの湖底が見えている。水深は50センチあるだろうか。魚が近寄ってくれば見えるだろうと考えていたとき、予想を裏切って突如水面からブラウンの頭が現れ、蝉フライをくわえ込んだ。一拍置いてアワセると、浅場で掛けたせいか続けざまに五回ジャンプしてからリールを逆転して走った。しかしジャンプで体力を消耗してしまったのか、抵抗は長く続かなかった。

蝉フライの釣りは、すぐに結果が出るか、あるいはもうダメかと諦めかけた頃に釣れるかのどちらかであることが多い。いずれにせよ、ぼくはこの日のボウズを免れることができ、大日如来像を意識

するようになった。
　ぼくは、これまで神仏などあてにならないと思って生きてきた人間である。ただ、ゲン担ぎやマジナイを意識しなかったわけではない。そこは逆説的に、例えば「梅干しを食べると釣れない」と聞けば、むしろ積極的に梅干しを食べて釣りに出かけるようなことをしてきた。そして、それで釣れることもあれば釣れないこともあると身をもって証明した。釣果が超現実的な力に左右されることなどない。その信念は磐石なはずだった。

　宇都宮市在住ながら、中禅寺湖で釣りをした経験がないOという友人がいて、今年案内をする約束をした。ぼくの中禅寺湖の釣りは歩いて魚を探すスタイルである。遠くへ行くほど競合する釣り人が減るということもあって、とにかく長い距離を歩く。その点をOに念を押すと、歩くのには自信があるという。それならばということで、歌ヶ浜駐車場で待ち合わせたのが六月一日の早朝だった。

早々に支度を済ませ、遊歩道を並んで歩きだした。歩きながら釣り方の大雑把なところをレクチャーした。Oは、私の解説をふんふんと素直に聞き入れ、時々的確な質問を返してきた。信用してもらえてる、という実感が湧いた。同時に、彼が自分の釣りに持っている、無意識で素直な自信も感じさせてくれた。

三十分も歩いた頃、ぼくらは湖岸にライズ・リングを確認した。ぼくはOに、それがブラウントラウトのライズであること、その鱒がこれからどういう行動をするか、食べているもの、どこからどのようにフライを見せるのか、というあたりを解説した。ぼくは一匹釣って見せるのがなによりの解説だと信じて、そのブラウンを真剣に釣ろうとしてトライしたが、残念ながらフライの直前で反転されてしまった。

「まだ、戻ってくるチャンスはあると思う。でもいまので、釣り方はだいたいわかったでしょ?」

ぼくがそう言うと、Oは、

「うん、わかりました。じゃあここからは、それぞれに魚を探した方がいいと思うから、ぼくは魚探しながら先に行きます」

そう言って、さっさと湖岸の遊歩道を歩いて行ってしまった。ぼくはなんだか梯子を外されたような気分になった。というのも、ぼくはOの後方から選択すべきフライやプレゼンテーションを指示して、首尾よく鱒を取り込んだあとで固い握手を交わす、というようなシーンを勝手にイメージしていたからである。しかし考えてみれば、Oはぼくとまったく同じ四十数年のキャリアを持っているのだった。まあいいさ、実践を経てこそ湧いてくる疑問もあるに違いないと、このときぼくはまだ余裕を持ってOの行動を見守るつもりだった。

　最初に見つけたブラウンがその後ライズしなかったことを理由に、ぼくはOの後を追った。Oが魚を探したあとだからと思うと、観察も大雑把になった。遊歩道を早足で歩き、いつのまにかOを追い越したことに気づかぬうちに、スマホの着信音が聞こえた。

「釣れました」

　Oは、開口一番そう言った。ひとしきり釣ったときの状況を説明してから、

「いやぁ、クロイシさんが通り過ぎて行ったのわかったんですよ。だけど、魚見つけて狙ってたんで、声かけられなかった」

　とにかくぼくも嬉しかった。自分が側にいて握手できなかったのは残念だったけど、釣ってくれたことにガイド役としては安心することができた。今朝方の解説だけで、独力で釣ってしまうのは、やはり経験の厚みが物を言うのだ。電話を切った直後、前方10メートルくらいにライズを見つけた。時折ニジマスが回遊してくるようだ。しかし水面に乗っている餌が少ないのか、ライズは止まらない。単発で、間隔も間延びしている。十五分くらいドライフライを浮かべて待ってみたが、それ以上待っても時間の無駄のような気がして先に進んだ。今年はなぜかチャンスとの出会いが少ない。ようやく巡り会えたとしても、これは釣れそうだとほくそ笑んでしまうような状況はまだなく、中途半端なチャンスばかりだ。そんなことを考えていると再び、Oからの電話がかかってきた。

「また釣れちゃいました…」

　ぼくは正直慌ててしまった。自分にはチャンスらしいチャンスが巡ってこないのに、中禅寺湖が今日初めてのOがすでに二匹もブラウントラウトを釣り上げてしまったのだ。できるなら立場を代えて、

釣り方を教えてほしかった。電話で場所を確かめると、Oはすぐ近くにいることがわかった。居場所を探し当て、湖岸で話を聞くと、今度はニンフで釣ったという。またしてもOのキャリアを思わずにはいられなかった。見つけた鱒がドライフライを嫌うのなら、自分でも同じことをしたかもしれない。けれども同じ鱒に、そう何度もフライを見せる機会がないのが湖の釣りである。フライ交換を決断するのは、意外にできそうでできないことなのだ。中禅寺湖の釣りが初めてならばなおさらである。

それから、また二人で前後しながら遊歩道を歩いた。大日崎まではすぐだった。ぼくが大日如来坐像を指し示すと、Oはカメラを取り出し、湖を背景にした後姿を画角に収めてシャッターを切った。その様子に、ぼくのイタズラ心が刺激された。

「三年前だったかな。この大日如来様を、やっぱり後ろから撮影して、下に降りるのが面倒だからそのまま横から拝んだんだ。そうしたらその日、それ以降はさっぱり魚の気配が消えちゃったんだよ」

ぼくはニヤニヤしながらOの様子をうかがった。

「えぇ…そんなこと言われたら、このままじゃ終われないでしょ」

Oは坐像の脇から岩を伝って湖岸に降りてから、正面に進んで姿勢を正し、合掌した。その様子を見ていたぼくは、少し慌てた。すぐに後を追ってOと入れ替わり、首を垂れて手を合わた。無意識に、心の中でつぶやいていた。

(大日如来様、お願いします。釣らせてください。贅沢は言いません。一匹でいいんです。どうか釣らせてください)

困ったときの神頼み、である。これまでそんなことしても何も変わらないと信じてきたのに、不意にとはいえ、心の弱みをさらけ出してしまった。

釣果も上がり、中禅寺湖への探究心に燃えるOは、禁漁区との境界になる松ヶ崎まで魚を探しながら歩いてみるという。これまでの実績が乏しく、気の進まないぼくは、Oとの再会を約して引き返すことにした。

それからの三時間は、まったくライズや魚影を見つけることができなかった。ぼくはOといっしょに松ヶ崎まで行かなかったことを後悔し、いまにも釣果報告の電話が掛かって来やしないかとビクビクしていた。湖岸に平たい岩を見つけて腰を下ろし、持ってきたコーヒーを飲みながら休憩した。もっとゆっくりと釣りを楽しめないものだろうか。主因は自分の性格なのだからしかたがないが、やっぱり疲れてもいるのだろう。気持ちに余裕がなくなっている。小さな石が敷き詰められた場所に横になった。しかし眠ることはできなかった。しかたなく湖面を眺めながらボーッとしていると、そこへOが戻ってきた。聞けば大日崎～松ヶ崎間では鱒を見つけられなかったという。それを聞いたぼくは少し心が軽くなった。このままどんどん差をつけられれば、夕方に向けて自分で自分を追い詰めてしまうにちがいないからだ。

それからしばらく、Oとこの釣りのおもしろさについて語り合った。釣り好き同志だから、いつまでも話は途切れない。再び腰を上げるキッカケは、風が吹きはじめたことだった。その風向きから、ぼくはひとつ岬を回り込んだ隣の入江が気になりはじめた。Oはここに残るという。聞けば、今日最初の鱒を釣り上げたのもこの場所だという。そこで、お互いに状況が好転したら連絡しようということにして別れた。午後四時まで、あと十数分というところだった。

風は入江に向かって斜めに吹きつけ、山の斜面にぶつかって四散した。一部が入江に沿って、渓流の反転流のように巻き返した。湖面にはさざ波ができていた。岬を回り込んだところから入江を見渡

したが、釣り人はいなかった。エゾハルゼミがいくつか浮いている。条件は悪くなさそうだ、と思っていると入江の中央、奥寄りで激しい水飛沫が上がった。ゴボッという大きな音も聞こえてきた。

ぼくはライズに近づくべく、入江の奥に向かった。続けざまに二度、同じようなライズが起こった。いずれも入江の両端ではなく、奥に近いところで飛沫が上がった。大きなニジマスが回遊している。ライズの様子から、食べているのは水面のセミにちがいない。ニジマスならば、どこかへ泳ぎ去ってしまう可能性がある。ぼくは慌てて湖岸への斜面を下り、ライズがあった一帯へフライを投じた。しかしライズは続かなかった。もちろん落胆などしなかった。経験上、あきらめるにはまだ早過ぎることを知っている。ぼくは一旦フライを引き上げて、少しでもライズが起こったあたりに近く、キャスティングもしやすい場所へ移動した。さらにティペットを３Ｘに交換した。

ニジマスは、どこかへ泳ぎ去ってしまったのか？　いや、そうとは限らない。ちょっと遠巻きに泳いで戻る途中かもしれないし、実はまだすぐ近くにいて餌を探しているかもしれないのである。鍵は、次のライズがいつ起きるかだ。それが20分後だとしたら、回遊の範囲が広く、付近に浮いている餌も少ないということである。ニジマスがこの入江に留まる時間も、つまりは釣れる可能性も低いということになる。

そんなことを考えているそばから、すぐ10ヤード先でライズが起こった。ヤツはまだいる。二度、三度続けざまに水面のセミを捕食すると、一旦静かになる。理由はわからないが、どこかへ泳ぎ去ってから、また戻ってくるような気がした。何度か、遠くでもライズが起きた。けれども、集中してライズするのは断然自分から10～15ヤードのあたりが多い。風がセミを運んでくるのだろう。それが一帯に滞留するのだ。

今日初めて、これはチャンスだと思った。浮かべていたハルゼミ・パターンの下で水が湧き上がった。ニジマスが直前で反転したのだ。

「くそう…なんで食ってくれないんだよ」

思わずつぶやいていた。

しかし、趣向を変えたパターンは他にもある。ぼくはそれらを繰り出した。しかしすべて反転された。ティペットを細くした。４Ｘにしようかとも思ったのだが、その前に３・５Ｘを結ぶことにした。フライも、セミ以外に、もしやと思い小型のテレストリアルを試してみたが、こちらには反応さえもなかった。あいかわらずインターバルを挟んではいたが、ニジマスが近くに留まる時間は長くなっているようだった。けれども目ぼしいパターンはすべて使ってしまった。ティペットに結ばれていたのは五年くらい前に巻いた、使い古しのセミだった。これまでのよりもやや小振りという以外には、少しも斬新なところのない存在感の薄いフライだった。策もテクニックも出し尽くした自分には無力感だけが積み重なっていく。

しかし、ライズが鎮まるまでは動くに動けない。幸か不幸か、Oからも連絡はなかった。いま、目の前で大きな鱒がライズしている。そこから移動してどうするのか。それは転がり込んできたチャンスから逃げ出すことではないのか。

午後五時半。ぼくはもう、このニジマスは釣れないと思っていた。Oには、釣れなかったけど、ずっとドキドキ、ハラハラ、イライラしたこの時間のことをありのままに話そうと考えていた。そうすればきっと共感してもらえるような気がした。それともいま、お互いの状況を確認しあうために電話してみようか、と考えはじめたときだった。半分沈みかけたみすぼらしい蝉フライが漂う水面に突如大きなニジマスの顔が現れた。直後に渦が巻いた。

六番ロッドがバットまで美しい弧を描いた。ニジマスは大きさを誇示するかのように一度ジャンプしてから、一気にバッキングラインを引き出した。それから二回、コントロール不能の走りが続いた。リールで引き寄せられるようになってからも、瞬間的な反転からのダッシュに何度もリールから手を離した。いよいよ近くに寄ってきて、こちらが主導権を握るようになっても抵抗は続いた。ようやくネットに取り込んで、緊張の糸が切れたまさにそのときにOから電話がかかってきた。

「…そっちどうですか？」

「いま、ネットで掬ったところです。ニジマスでした。60はあると思います」

「おぉ、そうですか。こっちもたくさんライズしてますよ。釣れました。こっちはみんなブラウンみたいです」

「セミですか？」

「いや、モンカゲですね。そっちはセミですか？」

「セミでしたね。こっち来てからずっとライズしてたんだけど、やっと釣れたんですよ」

モンカゲのスピナーが産卵に降りて来ていて、目の前で大きなブラウンらしきライズ・リングが広がった。とにかくいまはいい時間だから、お互い釣りに専念しようということで電話を切った。ぼくはすぐにティペットを4Xに取り替え、モンカゲロウのスピナー・パターンを先に結んだ。けれども、そのブラウンにうまくフライを食わせられぬまま、ライズは消えてしまった。

Oのところへ引き返すと、まだポツポツとライズ・リングが広がっていて、これならば三十分前はさぞかしいい状況だったであろうことが想像できた。

「夕方だけで三匹出ましたよ」

うれしそうな顔でそう言うOに向かって、

「スゲーな、それは。ほんとにスゲーな」

ぼくは半ば呆れていた。なんとか最後にニジマスを釣ることができたから気持ちの平静を保つことができていたが、もし一匹も釣れていなかったら、きっと精神的に打ちのめされていたことだろう。もしかするとこれは、大日如来様が与えてくれたチャンスだったのかもしれない。でも、ちょっと不公平だよな、と考えた。

翌週も、ぼくはまた中禅寺湖まで出かけて行った。都合が合わずOは同行しなかったが、前日に出かけるという話だった。

この日の午前中は、絶好のチャンスが二度あった。しかし、どちらも逃してしまった。昨シーズンまでの（釣果／チャンス）確率なら、少なくとも一つはものにしていただろう。加齢のせいで、集中力が緩んだのだろうか。たしかに二度目はよそ見をしていて、フライに食いつく寸前の大きなブラウンの魚影に慌ててバランスを崩し、乗っていた岩から滑り落ち、スネと足の内側に大きな痣を作った。でもそれはたまたま足場の悪い場所だったからで、昨年までだって適当によそ見しながら釣っていたはずである。とにかく、どこか今年の中禅寺湖は調子が上がらない。肉体的な衰えは感じられなかったから、余計に違和感がまとわりついて離れなかった。

風向きから、大日崎の西側にニジマスが回ってくると予想して大日崎まで歩いた。湖岸で昼食を取りながら二時間も待っていただろうか。状況は予想通りなのに、一向に魚の気配がないので、ぼくは重い腰を上げることにした。また今日も夕方に期待するしかなくなった。

少し迷ったが、遠回りをして大日如来様の正面まで湖岸を伝っていった。今週も仏様にすがろうとする自分が、情けないヤツに思えた。

「大日如来様、今日は釣れなくてもいいです。家族がずっと仲良く幸せに暮らせるなら、釣れなくてもいいです」

言い終わってすぐに、嘘をついてしまったな、と思った。家族の幸福を願う心に嘘はない。でも「釣れなくてもいい」は嘘っぱちだ。家族が幸せになって、魚も釣れればその方がいいに決まっている。人間の欲望にキリはない。そんなこと先刻大日如来様は御承知だろう。どうして嘘をついてしまった

のだろう。喉に魚の骨が引っ掛かったような、嫌な気分だった。

午後、これからという時間から雨が降りはじめた。本降りの雨が降れば、虫の活動も鈍る。虫が落ちない水面からは、魚の気配が消えたままになった。ドライフライは期待薄なので、ソフトハックルを沈めて引っ張ってみたり、リーダーにインジケータをつけてニンフを沈めてみたりした。阿世潟まで戻って来たとき、投げ直そうとリトリーブしてきたニンフに、70センチは超えている巨大なニジマスがついてきた。ぼくは思わず息を飲んだが、1メートルくらいで追随を止め、方向転換したきり、二度と姿を表さなかった。遊歩道を戻りながら、阿世潟三角の様子を見るために斜面を降りて行くときに、また濡れた岩に滑って、今日二回目の転倒をした。今回は尻からうまく転んだぞと思ったが、身代わりにロッドのティップが折れていた。

突然の終了宣告は、釣果ゼロという結果の強制的受け入れでもあった。ぼくはむしろ、プレッシャーから解放されて気持ちが軽くなった。それで足取りも軽くなりかけたのだが、夕凪がやってきて、エゾハルゼミを捕食するライズが一つ二つ確認できるようになると、やはり無力感を覚えた。今日一日に受けた諸々のダメージがジワジワと心身に広がって、けっこう堪えている自分を発見した。

翌日の夕餉の席で、ぼくは妻に、半分笑い話のつもりで、散々だった前日の話をした。

「まあそういう訳で酷い目にあったんだけど、実は湖岸の大日如来像に『釣れなくてもいいから、家族は幸せになりますように』って願掛けしておいたんだ。だから、我が家は当分、みんな幸せに暮らせると思うよ」

そう言って笑おうとしたのだが、妻はちょっと思いつめたような顔をして言った。

「神様や仏様を拝むときに、なにかお願いしちゃダメらしいよ」

「え、そうなのか？　みんな、例えば初詣のときなんかにお願いしてるだろ？」

「私も前は『家族が幸せになりますように』ってお願いしてたけど、もうやめたわ。本に書いてあったのよ。感謝はいいんだって。『見守っていてくださって、ありがとうございます』はいいらしい」

「へえ、そんなもんなのかなぁ…」

ぼくは、すぐには納得できなかったのだが、つらつらと考えていくうちに、妻の言うことが正しいような気がしてきた。実際に、願を掛けたからといって願いが叶えられる確率が上がるかどうかなんて測りようがないのだ。それよりもむしろ、神仏の前で手を合わせ、願うことが、精神的な安定に寄与する効果を期待する方がずっと現実的にちがいない。万物流転の理に身をまかせるのは不安だが、見守っていてもらえるならば心は落ち着く。そのために無心に祈るというのなら、わからないこともなかった。


翌週も、ぼくは中禅寺湖へ出かけた。期待した朝マズメは、スレッカラシのブラウンに遭遇したが、とうとうフライを食わせることはできなかった。そこから少し歩いたところで、ニジマスのクルージング・ライズを見つけた。ぼくの前を三度通過し、一度はフライを捕食したように見えたが、フッキングしなかった。直前で回避されたようだった。そんな具合に、午前中は前週の不調を引きずったまま過ぎて、また大日崎までやって来た。今日は、真っ先に大日如来像に向き合いたかった。何も考えずに手を合わせよう。無念無想とはいかなくても、願い事だけは思い浮かべないようにしよう。そう心に誓って目を閉じた。

大日如来とは宇宙の真理、宇宙そのものだそうだ。曼荼羅の中心に描かれるような仏様らしい。衆

大日如来無為

生の末端に連なる愚かな釣り人が迷ったときに立ち返る場所を示してくれただけでもありがたい。生きていれば良いこともあれば悪いこともある。一喜一憂を楽しめばいい。それが釣りという遊びなんだと、これまでも数えきれぬほど自問自答してきたのに、いい歳して不調が続くと心が揺らいでしまう。次からは、この石仏を思い出すことにしよう。

その日の午後、ぼくは二匹のニジマスのライズに出会い、どうにか一匹を釣り上げることができた。中禅寺湖では、特別大きくも小さくもないニジマスだった。それでも、記録物を釣ったときと同じくらいにうれしかった。

書き下ろし

山麓の用水路

河原のヤナギやオニグルミが芽吹きはじめていた。モノトーンだった冬の風景に色が戻って来た。河畔林は萌黄色の紗を掛けたようだ。土手のソメイヨシノの蕾も膨らんでいる。

平地には春が訪れているが、遠くに居並ぶ岩峰はどれもまだ真っ白で、ここが山国であることを誇示していた。高地にストックされている大量の雪が融けだすまでにはあと一ヶ月の猶予がある。雪代の増水と濁りがやって来るまで、この本流の流れは安定し、釣りやすい時期である。

ぼくは土手の斜面の枯れ草に座り込んで、流れを見下ろしていた。春の雨は、まだまとまって降ってはいなかった。冬の渇水からわずかに水量を増した流れが、上流から対岸沿いにやって来て、すぐ上手で向きを変えると長い瀬を形成した。石にぶつかった流れは、そこかしこで白泡を立てていた。瀬の後半はこちら岸に沿い、ちょうどぼくの前で深さが増して流れが緩み、底が見通せるようになった。上流側を見渡しても、下流側を見渡しても、釣り人は一人も見つけられなかった。絶好のポイントを専有できる幸運を、まさにぼくは感じているところだった。

小一時間も待っていただろうか。目の前を、風に乗った小さなカゲロウが飛び去るのを見かけるようになった。水生昆虫の流下に促されて、春先に渓流魚の食いが立つのは昼である。そろそろ時合かなと考えはじめたときだった。背後に人の気配を感じた。

「どう？　釣れた？」

振り向くと、タイトなウエイダーを履いた六十代くらいの男が斜面を降りてくるところだった。手には振り出し竿を持っている。伸ばせば四間を越える本流用の長竿だとすぐにわかった。好事魔多し、とはこのことか。

「いや、今日はまだ釣ってないです。いまからここに入ろうとしてたところだから」

ぼくはそう言って相手をけん制した。馴れ馴れしく声をかけてくる風体からして、ポイントを半分譲ってくれとでも言い出すのではと疑心暗鬼になりかけた。

「朝から三ヶ所回ってやったけど、今日は全然ダメだった…。それ、ルアーっていうんじゃないの？」

「いや違う。これは毛鉤です」

「ああ、毛鉤か…。いや実はさ、この裏手に水路あるじゃない？」

このあたりには本流と接するようにして約1キロほど、農業用と思われる用水路が並行していた。

「この土手の向こうの？」

「そうそう。ここから下ってくと向こうに橋が見えるでしょ？」

「ああ、あるある」

「あの下にデカい鱒がいるんだよ」

「へえ、でも、どうして釣らないんですか？」

「いや、木が邪魔してさ、うまく流せないんだよ…。ルアーなら、デッカい鱒も食いつくんじゃないかと思ったんだけど、毛鉤じゃダメかな。でも、後でちょっとやってみたらいいよ。釣れっかもしれないから」

「ああ、ありがとうございます、教えてくれて。せっかくだから、あとで見に行ってみます」

「俺はもう上がっからよ。今日はダメだ。天気良すぎだよ」

男はそう言い捨てると、ガハハと笑いながら土手の斜面を戻って行った。わざわざぼくに大鱒の居場所を教えに来てくれたのか。人は見かけによらぬ、とはこのことか。餌釣り師の男が、最初に見立てた人柄とずいぶん違っていたことに、すこし申し訳ない気持ちになった。

あの水路にデカ鱒が入り込んでいたらおもしろい。実際に見つけられるかどうかはわからないが、興味を惹かれる話である。しかしすぐに腰を上げるつもりはなかった。いままさに時合が訪れようかという、目の前の好ポイントを後回しにして見に行くほどの情報ではないと考えたのだ。通りすがりの男の話を、ぼくは信じていた。でも、ひとまずここを釣ったあとからでいいだろう。それがぼくが決めた優先順位だった。

その判断はまちがっていなかった。流れに近寄っていくと、大きな岩が作る巻き返しに二種類のコカゲロウとオオクママダラカゲロウのダンが乗っていた。時折、川面が不自然に捩れて、水面下にまでやってきた鱒の気配を感じることができた。大きく深い流れで、昼間に、大型の鱒が水面を割って餌を捕食する状況にはなかなか出会えるものではない。しかし、餌を取るために水面近くまでやって来ていることがわかれば、そこに旺盛な捕食意欲を持った鱒がいることを知るには十分である。その後の二時間あまりで、ぼくは大型のニジマスを二匹フッキングし、無事取り込みに成功した。どちらもランディング直後に上腕二頭筋に疲れを感じるほどの激しい抵抗だった。

ぼくはすっかり満たされてしまい、水路のことなど忘れてしまっていた。カゲロウの流下がなくなったのを潮時に、フライを切って、ティペットをリールに巻き取った。今日はもう夕方まで粘るのはやめだ。明るいうちにドライブしてのんびり帰ろう。それにしてもずいぶん日が長くなったものだ。真昼と変わらない透明な光を浴びて白く輝く岩峰を眺めながら、ぼくの足取りは軽かった。クルマの駐車場所まで戻って、ポケットからキーを取り出したとき、水路を偵察していなかったことを思い出したのだった。正直なところ、もうそんなことどうでもいい気分になっていた。このまま帰ろうかちょっと迷ってから、やはり一度確認だけはしておこうという気になった。水路は目と鼻の先なのだ。

情報源の餌釣り師は、デカ鱒が橋の下にいたと言っていたから、そこだけ確認しておけばいいだろう。改めて見渡してみると、橋の周辺の水路は、左岸側の傾斜の方がややきつい。そしてたしかに、灌木が一本枝を広げていて釣りの障害になっていた。アプローチは右岸側からと決めた。

水路は、両岸コンクリートという近代的仕様である。かろうじて川底は手付かずのままで、大小の石が散りばめられ、所々に水草が揺れているから、鱒が棲んでいたとしても不思議ではない。本来の健全さを維持する底に対して、両岸は1メートルくらいのコンクリート壁が垂直に立ち上がっている。その上に人が歩くことができる幅50センチ程度の水平面が設けられ、そこからは三十度くらいの傾斜がある法面だった。法面の下部はコンクリート・ブロックで覆われているが、高いところは土がむき出しのままで、昨夏に蔓延った雑草が枯れて一帯を覆っている。夏に、ここへ踏み込むのは難儀だろう。

上部のガードレールに隙間があり、そこからは踏み跡らしきものも付いている。ガイドにラインを通し、フライを結んでからにしようかと思ったが、魚を見つけることが先だと思い後回しにした。上部の露地部分はグリップが効いて、歩くのは容易だった。その下のコンクリート斜面は凹凸がなく、うっかりすると滑りそうだ。ひとまずその境界であたりの流れを見渡してみた。

水路の幅は4メートルくらいである。橋のすこし上流でS字状に曲がり、そこからはほぼまっすぐになっていた。そのS字を書き終えるあたりで右岸から細い水路が合流して、水面にヨレを作り、平滑な流れにアクセントをつけている。水面が再び平滑に戻るあたりがまさに橋の真下で、付近で一番の深みにもなっていた。水草も生えているし、大きな鱒がいるとすればそのあたりだろう。ほかには見当たらない。しかし魚影は確認できなかった。

もう少し近づいて確認しよう。そう思ってコンクリートに足を踏み入れた。ほぼ正方形のパネルは大きく、つなぎ目の段差まで足元に気を取られた。そこから顔を上げて、目をつけた深みに顔を向けたとき、揺れる水草の陰から淡いオリーブ色の影が現れた。ニジマスだと思う間もなく、こちらに向かって泳ぎはじめた魚影は急加速して、岸際の障害物の下に姿を消した。合流する小さな暗渠のすぐ下流に枯葦の茎が残っていた。流れて来たゴミが引っ掛かって浮いているし、おそらく枯れ葦の下がえぐれてもいるのだろう。格好の隠れ家にちがいない。

これまで何度同じ失敗をしたかしれない。慎重に行動しなければならない警戒範囲に、ぼくはすでに侵入していたのだ。鱒の躊躇ない避難行動から考えるに、ぼくのアプローチは、これまでここへ釣り竿を持って降りてきた人たちとほぼ同じ行動パターンだったのだろう。あの鱒は、コンクリート・パネルの、まさにこのあたりを下りて来る人影に警戒心を発動させる学習を積んできたのではないだろうか。

わずか数秒だったが、目撃した魚影はたしかに大きかった。あの餌釣り師が言ったことはほんとうだった。魚影は30センチだとか40センチという大きさではなかった。50センチは下らないだろう。いや、60センチくらいあったかもしれない。泳ぎ去った魚影は不明瞭だったし、観察時間も短かった。おかげでぼくが描くニジマスのイメージ図は何度も伸び縮みした。そしてそれは、帰路のドライブ中にも際限なく反復されることになった。


翌週末、ぼくは迷うことなくあの山麓の川へ取って返した。今度は、クルマを停めてからまっすぐ水路の様子を見に行くことにした。まだ橋の下にあの鱒がいるのなら、昼前にやっつけてしまえるかもしれない。もし滑り出しで首尾よく大型を釣ることができたなら、その後にやって来る水生昆虫の羽化のピークは、本流に戻ってじっくり釣ることができる。そんな欲張りな作戦を立てていたのだ。

あのニジマスがいたのは橋の真下である。橋から覗き込めば魚影を確認することができるだろうが、先週のことを考えれば避けておきたいところである。高度差4メートル以上で、三十度の斜面が伸びているから、横方向からはずいぶん距離が空いてしまう。条件が揃えば見えるのかもしれないが、水面が光を反射しているし、今日は風もあるのでむずかしい。

わずかずつでも近づきながら確認するしかなさそうだった。ぼくはティペットを点検してから、これまでで一番実績のあるソフトハックル・パターンを結び、ガードレールの隙間から枯れ草の斜面に踏み出した。ロッドを左手に持ち替えて右手を斜面につき、腰を低くしたまま左足を伸ばして踏ん張り、ゆっくり体重移動した。二回繰り返したところで、再び橋の下を注視してみた。先週、定位する場所を確認できていたことが大きなアドバンテージになった。吹いていた風に十数秒の止み間が訪れたとき、そこですこし横方向へ揺らめいた魚影を見つけることができた。水中を流れて来る餌を、左右へ動きながら食べている。チャンスであるが、どうやってアプローチするべきか、その場で考えた。

後方に橋。左右からコンクリートの斜面。それらが交差する底の一点に魚影。ぼくはまるでコロッセウムにいるような気分になった。ニジマスは円形闘技場の中心にいて周囲を警戒しているのだ。ぼくは無人の斜面を気づかれずに接近しなければならない。透明人間にでもなるか、せめてコンクリート色の服装で全身を覆わなければ無理な相談だ。

このまま下方向へ降りていけば、おそらく気づかれるだろう。たとえ姿勢を低くしていても、近づくほどに危険度は増すにちがいない。先週、あの鱒がこのルートに特に神経を尖らせているように感じたのではなかったか。

先週と同じ位置に居ることとさえわかれば、何もここからアプローチしければならないという法はない。周囲を見回してみると、枯れ草の斜面は上流へと続いている。橋を作るとき、周辺に盛り土がされたのだろう。10メートルほど先で土手が低くなり、露地斜面はなくなっている。さらにそこからは、古いコンクリート・パネルと水面から立ち上がる垂直壁だけになる。その上流は、まさに田園地帯を流れるありふれた用水路の姿をしていて、この橋の周辺だけが異様であることがわかる。

露地斜面の末端からコンクリート斜面を降りるなら、あの鱒からは十分に離れている。さすがに気づかれることもないだろう。幅50センチの水平面に辿り着いたら、その上を移動してできるだけ魚との間合いを詰めることだ。ぼくは作戦変更を決めて、慎重に斜面を登り返した。

思ったとおり、10メートル上流から魚影は確認できない。こちらから見えないなら、向こうからも見えないだろう。ぼくはさっさとコンクリートパネルを下って、水平面に立った。そこから先は垂直壁なので、足元に流れが見えた。岸際にはくるぶしくらいの浅瀬もあるから、流れに降りることもできるはずだ。しかし、上がるには手間取るだろう。直線状の下流側を見ても、楽に上がれそうな足場はどこにもない。柄の伸びる折り畳みネットを持ってきてよかった。本気で釣るつもりなら、取らぬ狸の皮算用もしておかなければならない。

そこからは、姿勢を低くして進んだ。完全にしゃがんでしまうと歩けないので、左手にロッドを水平に持ち、右手を斜面につきながら腰を屈めて、ゆっくり歩みを進めた。ニジマスのいるスポットはなかなか近づいてこない。半分も進んだ頃だろうか、そろそろ確認できるのではないかと腰を落ち着けてチェックしてみた。目を凝らしたが、吹き付けてくる風が水面に描く模様が邪魔になって魚影を確認することができなかった。山には雨雲が掛かっていた。南西からの風が、アルプスの峰々を越えて断続的に吹き降ろして来ていた。今日は気温もずいぶん上がりそうな気配だ。

風が止んで、板ガラスの表面を覆う結露を拭き取ったように底が見えた。思ったよりも近くにヤツはいた。すでに、迂闊に動けば察知されるエリアに入っていた。姿は丸見えである。思っていたよりも小さい。おそらく50センチ前後で、とても60センチには届きそうもない。先入観やら期待やらなにやらが、あの鱒を大きく見せていたようだ。

そこからキャストして、流れに乗せてフライを届けることはできたが、コントロールもフッキングも正確さに欠けてしまうだろう。できればもう少し近づきたい。しかし、動けば警戒されそうだ。水は澄んでいるし、一番厄介なのは位置が高いことだ。そこではたと思い当たったのが、自分はどうしてここまで来れたのかということだった。風だ。風が水面を掻き乱していたから、ヤツは気がつかな

かったのだ。
朝から風は強く、長いと数分は吹き続けるが、必ず止み間が挟まった。ぼくは風が水面を乱すのを確認してから再び前進をはじめ、風が止むと待機した。幸い、風が止んでから水面がクリアになるまでにタイムラグがあり、確実に静止することができる。それがわかってからは接近に自信が持てるようになったが、どこまで進めばいいだろうか？
こんなときこそ落ち着かなければと思った。一度立ち止まってフッキングまでをシミュレーションしよう。邪魔者はいない。落ち着け、冷静にと自分に言い聞かせた。
風が強く吹きつけているときは動くことができる。一方で風が止み、水面下が見通せる状態になったときに動くことはできない。おそらくロッドを振っただけで魚はスプークしてしまい、先週と同じように物陰に避難されてしまうにちがいない。これが仮に無風状態であれば、接近は不可能なのだ。遠くから、一か八かフライを送り込む作戦になるだろう。そのかわり魚影はハッキリと確認できるはずだ。今日はその逆である。接近はできる。しかし水面下が見通せる、魚影をはっきりと確認できる状態でロッドを振ることはできない。ならば、むしろ極力接近するべきだろう。ぼんやりとであっても魚影を確認できる場所まで行ってロッドを振ることができればフッキングは可能だ。それには自信があった。

風が吹いている時間の方がずっと長いので、すぐに魚影に近づくことができた。あいかわらず餌を探しているが、流下している餌はそれほど多くなさそうだ。水面にも興味を示さない。風が止んでいるときには、餌を捕食したときに開いた口の内側の白さがチラリと見える。しかしそのタイミングで動くことはできない。風が止む直前にキャスティングを終え、着水したフライが沈みながら流れていく間に水面下が露わになって、ボケていたニジマスの姿がクリアになり、いざ捕食の瞬間は確認できる、というのが最良のシナリオだろう。おそらく、そう何度もフライを流すことはできない。確実に沈めるために、フライに唾をつけて濡らした。さらに20センチ離れた所に小さく粘土オモリを付けた。すべての準備を終えてから、ぼくはキャスティングに入るタイミングを探して風の音に耳を澄ませた。息の長い風が吹き止む気配を感じ取ろうとした。

いまだ！　とロッドを振り上げた。フォルスキャストは一度。フライを落とす場所は目と鼻の先である。ミスはない。風よ止んでくれ、と願うのと同時に頬に風圧を感じた。風が再び強まって、水面の風紋はさらに複雑になった。フライがいまある場所を、つまりそれが沈みつつ流れて行っているはずの想像上の立体的な位置を、ぼくは視覚の中にマーキングし移動させた。ぼんやりとだが魚影は見えている。マーキング・スポットと風紋の下のニジマスの影が接近する。

もちろん、もうニジマスが口を開くのを見ることはできないだろう。そこは諦めればいい。ぼん

やりとした魚影にニンフを流し込み、フッキングさせる訓練は、山梨県忍野村の桂川で嫌というほど積んできた。稀に例外はあるが、鱒は餌を捕食するときに前方か左右へ動くものである。そして捕食の瞬間に止まる。あるいは向きを変える。このときにロッドを立てればかなりの確率でフッキングする。

ぼんやりとした魚影が動き出す。対岸寄りの流心にスライドするように斜めに動いた。流心の手前に想定したマーキング・スポットと交差する。コルク・グリップを握る手に力を込めようとしたその刹那、ニジマスは何事もなかったかのように想定域を通過した。ミスったかと思ったとき、ぼんやりとした魚影が上流に向き直って止まった。フライは想定した位置より80センチも向こうを流れていたのだ。初めてのポイントで、流れを読み切れていなかった。

アワセが一拍遅れた。忍野のスレ切った鱒ならば、フライを吐き出されるか、掛かったとしてもすぐに外れる浅掛かりになるタイミングだった。しかしこのニジマスは、人影にはスレていてもフライにはスレていなかったようだ。しっかり口の脇にフッキングした。

直後にニジマスは大きく跳躍してから、下流へ突っ走っていった。教科書どおりである。しかし、ロングランにはならなかった。4Xティペットに見合う調整をしたドラッグのブレーキに抗えないと感じたのか、水草の塊への突っ込みを試みた。何が嫌かといって、障害物に絡まれるほど嫌なことはない。そこは思い切ってロッドに強めのテンションをかけて引き留めた。水草の下に逃げ込めないと判断したニジマスは上流へ。自分より上流へ駆け上がったとき、この魚は取り込めると確信した。あちこちに生えている水草の下に入られても、下流側からテンションをかければ引き出せることが多いし、突飛な行動を止めて引き寄せるにも、水流が味方してくれるだろう。

上流側で時間をかけたやり取りをしてニジマスを疲れさせてから、足元の流れのゆるい場所に引き寄せた。ジャンプ傘のように柄が伸びる、折りたたみ式ネットを広げて、ぼくはコンクリートの上にしゃがみ込んだ。皮肉にもネット・インしたのは、先週このニジマスが逃げ込んだゴミの溜まった枯れ葦の脇だった。長さこそ50センチだが、体高のある綺麗なニジマスだった。白銀の魚体の体側に、薄すらとピンクを滲ませている。同じピンク色をした、尖った腹ビレに魅入られた。この用水路で生まれ育ったのだろうか、それとも本流から差して来たのだろうか。いずれにせよ、こんなに慎ましやかな場所を棲家に選んだところがいじらしかった。

魚体をチェックできたのは、フックを外した後の数秒である。なにしろ足場が高いので気が気ではない。手を伸ばして、ニジマスを緩い流れに戻した。横向きで水中に放たれたニジマスは、二度尾びれを揺らして体制を整えた。それから自由を取り戻し、再びヒレが水を捉えられることを確信して、ゆっくりと泳ぎだした。ぼくはやっぱり、素手でリリースするのが好きだなと感じた。しかしそれは、

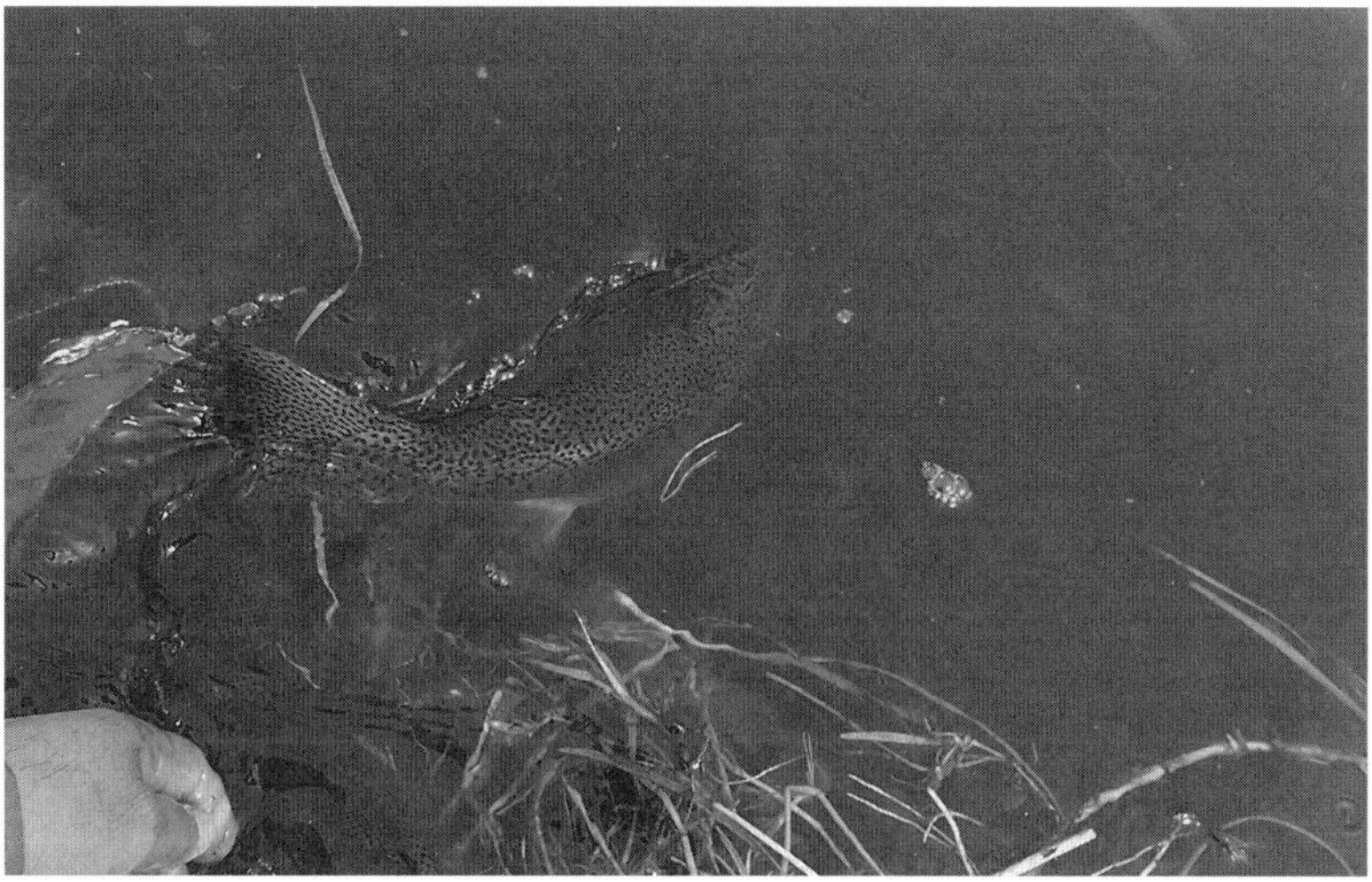

こちらの勝手な思い入れにすぎない。どっちにしても、ニジマスには迷惑な話にちがいない。そう思うと、苦笑いが顔に浮かんだ。遠くの岩峰が、お前は何匹釣っても悟れないねと、そう言って笑っているように見えた。

時計を見ると、もうすぐ午前十一時になるところだった。とっくに朝飯は食べ終えていたけど、なんだか朝飯前みたいな気分だな、と思った。

（よーし、今日は日が暮れるまでにあと三匹は釣るぞ！）

そう心の中でつぶやいてから、ぼくは気合いと共にコンクリート斜面を駆け上がった。

書き下ろし

あとがき

私は祖父が起こした家業の食肉店を引き継いで半生を過ごしてきました。自分で名乗るのはおこがましいかもしれませんが、これでも肉職人の端くれだと思っています。ただし一人前だとは思っていません。理由はあとから述べます。

家業を継いだのは渋々でした。正直なところ、手を汚す仕事が嫌でした。こんなことしていたら、ますます女の子にモテなくなると思っていました。ホワイトカラーになる決心がつかなかったのは父の存在があったからです。祖父母は一男一女をもうけましたが、長男つまり私の伯父が結核で早逝したために、母が婿を取る形で両親は結婚しました。

父は長野県飯田市の大工棟梁の家に四男として生まれ、戦後の就職難に親戚の伝手を辿って黒石商店で働いていたところを祖父に見込まれたのでした。私はずっと父の苦労を見てきました。私が家業を継げば、中継ぎ役を自任していた父が肩の荷を下ろすことができるとわかっていたのです。

就職当初は先輩従業員が二人いて、仕事を仕込んでもらいました。あまり乗り気になれない仕事でも、日々繰り返していると身についてくるものです。そして身についた技術が人の役に立つことがわかると、やり甲斐や面白さを感じられるようになります。技術を磨き、経験を積んでいくうちに、お客様の喜びこそが自分の喜びなのだと理解できるようになりました。

「利他」に気づくことができたという意味では、私は一人前の商人になれたのかもしれませんが、技術的にはそうではありません。なぜなら、機械化や分業によって以前とは仕事の内容が変わってしまったからです。現在の食肉小売店の仕事をすべてこなすことができたとしても、祖父や父の時代と比べたら0.8人前くらいの肉職人にしかなれないのです。父の実家の建築業でも、一人前の職人が育たなくなったと言われています。飯田市を流れる松川に父方の祖父が掛けたという橋を渡りながら、幼い頃の私は祖父への尊敬の念を強くしたものでした。あれから半世紀が経過して、効率を求める社会が一人前の職人を育てにくくしてしまっているような気がしてなりません。

なぜ「釣り本」のあとがきに私が長々と職人のことを書いてきたかといえば、フライフィッシングにも一から技術を積み上げて一人前になっていくという、職人が技術を身につけるのと同じ過程があるからです。初心者のうちは技術の進歩を実感しやすいけれど、そのうちに感じにくくなるところなど、私はよく似ていると思います。飽きることなく続けていけば節目節目に進歩を実感することはあるけれども、節と節の間はだんだん長くなっていく。そして職人としての私にも、フライフィッシャーマンとしての私にも、いくつかのカベがやって来ました。仕事であれば、飽き飽きしていても食うために続けていくしかないという状況がありえるし、そうしているうちにカベを越えられたということが起こりえます。けれども、遊びにそんな必然はありません。マイスターになるのは難しいなぁと私が思うのは、フライフィッシングは仕事ではなくアマチュア・スポーツという遊びである点です。熟練が貴重になった時代を意識したつもりはありませんが、結果的に私は、熟練を志向してフライフィッシングを続けてきたように思います。

フライフィッシングは各人各様のスタイルで楽しめばいいのであって、求道的でなければならないという法はありません。しかし一方で、各地にストイックな求道者がいることも事実です。これまでに私が出会った凄腕に共通していたのは、みな研究熱心で、周囲の誰よりも長く釣り場に立っている

という点でした。上達に近道はないということなのでしょう。
　多くの競技スポーツでは一部エリートが持てはやされるのに対して、フライフィッシングは運動神経と称する天賦の才能に左右されにくいスポーツのひとつだと思います。通信簿の体育が「2」だった私がずっと続けていられるのがその証明です。また、最晩年まで長く楽しめるスポーツの最右翼で、自ら投げ出さない限り、生涯楽しめるのがフライフィッシングです。
　私も十六歳のときから、ずっとこのスポーツを楽しんできました。もうカウントなど不可能ですが、狙う魚のほとんどはサケ科魚類でした。鱒を釣るために全国を旅して歩き、外国にも足を運びました。そしてたくさんの人と知り合うことができました。フライフィッシングを続けてきたおかげで、多種多様な職業の知己を得て、見聞を広めることもできました。フライフィッシングが我が人生を豊かにしてくれたのだと思っています。
　私が釣りをはじめたのは、コンピューターといえば大型の機械で、インターネットという言葉は聞いたこともなく、デジタルといえば時計くらいしか知らなかったアナログ絶頂期でした。私は月末に発売される釣り雑誌を心待ちにしていたものです。なかでも臨場感のある釣行記には気持ちが高揚し、そんな夜は寝つきが悪くなるほどでした。いつか自分も、釣り雑誌に釣行記を書けるようになりたいと夢見ていました。自分の釣行記を本としてまとめることなど、あの頃には想像さえできなかったことです。渾身の釣行記を集めた一冊を書き残すことができて私は幸せです。

最後に、この本に「まえがき」と素敵な挿絵を寄せていただいた柴野邦彦さんにお礼を申し上げたいと思います。『フライフィッシング・ジャーナル』という同人誌で出会い、行きがかり上分裂のような形になって二十年ほどお会いしていなかったのに、氏の個展を訪ねたときに釣りクラブに誘っていただいたときにはほんとうにうれしかった。縁の不思議、時間の不思議を感じました。

この本の編集&レイアウトに無償で携わっていただいている大木孝威さんにも、前作の『オールド・ワークス』に続いてたいへんお世話になりました。大木さんと初めてお会いしてから三十数年ですが、ずっとスレ違いのような感じで、お会いする機会も少なかったのに、ここに来てこれほどお世話になるとは、これもご縁でしょうか。ほんとうにありがとうございます。

この本の販売を手伝っていただく株式会社シーアンドエフデザインの米ノ井公夫さんにもお礼を申し上げます。またこの本を担当してくださった上田将生さん、佐々木岳大さん、ありがとうございました。(有)フライの雑誌社の堀内正徳さんには販売のアドバイスをいただきました。ありがとうございました。

文中登場FLYパターン&レシピ

P7 「クリケット」

フック：TMC5262#12
スレッド：6/0（黒）
ボディ：ダビング材（黒）
ボディハックル：コック（黒）
アンダーウイング：グースクイル（黒）
オーバーウイング：カーフテイル（白）
ヘッド&カラー：ディアヘア（黒）

P23 「オナシカワゲラ・アダルト」

フック：TMC100B#18
スレッド：8/0（茶）
ボディ：ダビング材（タン）
ウイング：ピーコッククイル（こげ茶）
ハックル：コックネック（こげ茶）

P43 「ホワイトウイングドブラック・スピナー」

フック：TMC100#20
スレッド：16/0（黒）
テイル：コックハックル・ファイバー（茶色）
ボディ：ダビング材（黒）
ウイング：ヘンハックル・ティップ（白）
ハックル：コックネック（黒）

P63 「ドッグフード」

フック：がまかつ B10S#6
スレッド：モノコード 140 デニール（茶）
ボディ：ディアヘア
（茶、ナチュラル、赤、緑を 6:2:1:1 で混合）

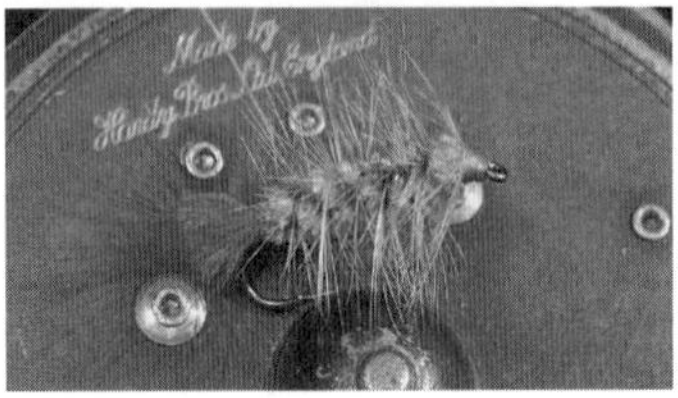

P81 「ウーリーワーム」

フック：TMC5262#8
スレッド：6/0（オリーブ）
テール：ウール（赤）
ボディ：シェニール（ツートーンの緑）
ハックル：コックネック（グリズリー）

P111 「ヤックバグ」

フック：TMC5262#8
スレッド：6/0（茶）
テール：ラビット（茶）
ボディ：シェニール（茶）
レッグ：ラバーレッグ（バード・ルートビア）
ハックル：コックネック（グリズリー）

P135 「ホッパー（マダムX型）」

フック：TMC5262#8
スレッド：モノコード140デニール（オリーブ）
ボディ：フォームシリンダー（オリーブ）
レッグ：ラバーレッグ（バード・オリーブ）
ヘッド：ディアヘア（グリーン）
インジケータ：エアロドライウイング（オレンジ）

P165 「フォーム・ビートル」

フック：TMC2499SP-BLB#12
スレッド：6/0（黒）
アンダーボディ：ピーコックハール
ボディ：フォーム（黒）
レッグ：ラバーレッグ（黒）
インジケータ：エアロドライウイング（オレンジ）

P179 「スターリング&ハール」

フック：TMC3769#16
スレッド：6/0（黒）
タグ&リブ：フラットティンセル（金）
ボディ：ピーコックハール
ハックル：スターリング

P191 「エゾハルゼミ」

フック：バリバス2410V#4
スレッド：モノコード140デニール（茶）
ボディ：軟質発泡スチロールにマルチグルーでタッチダビング（茶とオレンジのブレンド）
ウイング：ヘンハックル（ライト・ブルーダン）
ヘッド&カラー：ディアヘア（茶にマーカーの黒で着色）

P211 「パートリッジ&ヘア」

フック：TMC3769#10
スレッド：6/0（黒）
タグ&リブ：フラットティンセル（金）
ボディ：ヘアズイア
ハックル：パートリッジ

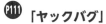

鱒《ます》　旅《たび》

発行日 ―――― 2020年12月10日　初版第一刷発行
2021年1月1日　第二刷発行

著　者 ―――― 黒石真宏

発行所 ―――― 株式会社 黒石商店　東京都目黒区五本木 1-25-7
kuroishisyouten@gmail.com

装　丁 ―――― 大木孝威

カバー・イラスト ―― 黒石恵梨奈

印刷・製本 ―――― 株式会社 藤プリント
TEL 0154-22-9311

ISBN978-4-9911383-1-7